Xavière Devos
Carole Gourrat
Judith Gueyfier-Gegat
Anja Klauss

Histoires de sorcières

Christine Palluy

Illustrations de Xavière Devos, Carole Gourrat, Judith Gueyfier-Gegat, Anja Klauss

Couverture illustrée par Xavière Devos

ISBN 978-2-244-41763-9

Christine Palluy

Histoires de sorcières

Éditions Lito

AU

Mauricette

Le premier jour de l'été, les sorcières du pays organisaient une grande fête. L'année précédente, elles avaient voyagé ensemble en balai-train pour se rendre chez Ursule Pustule. Et l'année d'avant, la vieille Tabatha avait prévu la Magicmégafiesta dans sa forêt d'arbres plats.

Mauricette Rondelette entendit le corbeau croasser dans la forêt enchantée. Elle tendit un bras par la fenêtre en s'adressant à ses chats noirs :

– Abella, Colomba, Flavia, Gina, Lolita, Olga, Rosa, Thalia, Vanina et Zita, énuméra-t-elle, c'est le facteur ! Hop hop hop ! On s'assied et on écoute !

Les dix minous s'installèrent en cercle. Un corbeau multicolore à la huppe verte se posa alors sur la main de leur maîtresse. Dans la chaumière, il secoua ses plumes d'un air mécontent et sembla hésiter. Puis tout à coup, il se coucha, les ailes en croix. Il regarda fixement le plafond en tenant son bec bien fermé.

– Carlos, s'impatienta Mauricette Rondelette, récite vite ce que tu as à me dire. Déjà, la semaine dernière, pour te punir de ta lenteur, je t'ai donné les couleurs ridicules d'un perroquet. Méfie-toi ! Si tu ne parles pas rapidement, tu pourrais bien le regretter…

– M’en fiche, je fais la grève, répondit Carlos. À cause de toi, les trolls et les chauves-souris se tordent de rire dès qu’ils me voient.

– Obéis ! s’énerva Mauricette sans écouter.

– Même le dragon se bidonne, continua calmement Carlos. Tu l’as déjà vu rigoler, toi ? Moi oui. Il fait peur, il est trop laid.

Mauricette Rondelette trépigna de rage. Dans la forêt, tout le monde la respectait, sauf ce corbeau à la noix. D’un bond, elle s’abattit sur sa réserve de poudrouf pouf d’allouf et la jeta tout entière sur l’oiseau. Aussitôt, il se transforma en radio.

– Génial, siffla la radio, ceux qui s’ennuient se battront pour m’inviter ! Écoute, je vais chanter ton message : « Sorcière Mauricette Rondelette, petite maison immense en haut de l’arbre, dans la forêt enchant… ».

– Je sais où j’habite ! grogna Mauricette. Plus vite !

– Chère amie, fredonna gaiement la radio, cette année, l’assemblée des sorcières a décidé que la Magicmégafiesta se passerait chez toi. Nous arrivons dans trois jours, trois nuits, trois heures et trois minutes. Tiens-toi prête.

Mauricette Rondelette ouvrit des yeux émerveillés :

– Mon tour est enfin venu…

Elle s’enfonça au fond de sa maison, ouvrit les tiroirs, escalada les placards et finit par dénicher un vieux grimoire déchiré.

– Il faut vraiment que j'étonne tout le monde ! dit-elle dans sa barbe. Voyons, cherchons une formule de potion…

Devant la fenêtre, Carlos entonna un air d'opérette :

– « Oh sorciérinetta bella, tchix, tchix… »

– Fiche le camp ! grogna Mauricette sans lever les yeux de son livre.

– Une radio, ça chante, répliqua-t-il, vexé. Je ne peux ni voler ni marcher !

Aussitôt, deux ailes noires poussèrent dans son dos. Carlos tournoya et s'échappa en faisant des courbettes aux chats.

Assise dans un grand fauteuil en toiles d'araignées tricotées, Mauricette feuilleta une à une les pages du grimoire. La nuit était noire quand, déçue, la sorcière tourna la dernière feuille. Elle découvrit alors une toute petite formule cachée sous la couverture : « Recette ultrasecrète pour devenir une sorcière jeune et belle ».

– Abella, Colomba, Flavia, Gina, Lolita, Olga, Rosa, Thalia, Vanina et Zita, hurla-t-elle, j'ai trouvé ! Hop hop hop ! Que la lune sorte, on va dans la forêt !

Mauricette Rondelette descendit au milieu de ses dix chats rebondissant comme des écureuils. Tour à tour, les branches se précipitaient sous ses pieds pour former un escalier. Vue d'en bas, la chaumière perchée dans l'arbre magique n'était pas plus grande qu'un nichoir à oiseaux. Pourtant, à l'intérieur, elle était vaste comme un palais.

Les regards lumineux de la lune et des félins éclairaient le sentier.

Durant des heures, Mauricette Rondelette collecta les ingrédients de sa recette. Elle ramassa dix feuilles de fougère, vingt-deux vers de terre, un nid de vipères, trente poils de cerf et trois crottes de hamster. Au petit matin, Mauricette posa enfin son panier sur le chemin.

– J'ai tout ce qu'il faut, dit-elle soulagée. Hop hop hop ! On rentre !

Un sanglier sorti d'un fourré prit le panier entre ses dents et la suivit en rouspétant.

Une fois chez elle, Mauricette Rondelette se mit au travail avec la gaieté d'une petite fille. Sur un feu allumé au milieu de la chaumière, elle dressa le grand chaudron et fit bouillir sa potion à gros bouillons.

Il était presque midi quand la recette fut prête et refroidie. Prudemment, Mauricette Rondelette y trempa son torchon. Elle se précipita devant son miroir et appliqua le mélange sur son front. Immédiatement, sa peau se lissa.

– Ça marche ! cria-t-elle. Hop hop hop ! Regardez, je n'ai plus une ride !

Assis en rond autour du chaudron, les dix chats observèrent leur maîtresse avec calme. Mauricette devenait folle, assurément. Les mains à la taille, elle gigotait en lançant ses grands pieds devant elle.

– Taratata, le trophée de la meilleure MagicmégafiestaSorciéra est pour moi ! chantait-elle à tue-tête. Adémar, le vieux sorcier de la forêt, peut se rhabiller, c'est moi qui passerai à la télé !

Hélas, Mauricette trébucha, s'étala de tout son long et renversa le chaudron. En quelques bonds, les chats s'éloignèrent mais une vague de potion submergea la sorcière.

Elle s'assit avec difficulté, sous le regard paniqué de son hibou apprivoisé.

– Qui c'est ? brailla-t-il d'un ton rauque. C'est toujours toi, Mauricette ?

Elle tendit un poing rageur vers lui, vit sa main minuscule et comprit. Son corps avait rajeuni de soixante ans : Mauricette Rondelette était redevenue un bébé.

Elle eut beau réciter toutes les formules qu'elle connaissait, aucune ne fonctionna. Elle entra dans une colère noire, mais comprit soudain que cela ne servait à rien. Puisqu'elle pouvait réfléchir et parler, elle devait en profiter.

Elle en profita.

– Je veux tous mes chats, d'Abella à Zita, gazouilla-t-elle. Les invitées arrivent dans deux jours, deux nuits, deux heures et deux minutes ! Hop hop hop ! Nous n'avons pas une seconde à perdre !

Les chats se placèrent en file indienne devant elle.

– Mes gentils minous, susurra-t-elle, nous allons vite réparer ma bêtise. Chacun de vous doit me rapporter un ingrédient pour fabriquer une potion antidote. Puisque seules des sorcières peuvent m'aider, vous allez devenir des… des… des ?

Pas un chat ne bougea. Mauricette Rondelette soupira.

– Mes très jolis, reprit-elle du bout des lèvres. Buvez une petite lampée de la potion que je viens de préparer. Elle transforme en jeune sorcière. C'est très bon, vous verrez !

Aucun ne répondit. Alors, d'une voix tremblante, elle supplia :

– Vous serez libres une fois votre mission accomplie, promis. Vous pourrez rester sorcière ou redevenir chat de gouttière, au choix ! Mais bien sûr, si vous n'êtes pas revenus dans deux jours, vous serez changés en souris pour toujours.

C'est Abella qui se décida en premier. Courageusement, il trempa sa petite langue rose dans la potion. Il devint aussitôt une sorcière souriante. Mauricette Rondelette cligna alors de l'œil : une petite bête apparut dans la main d'Abella.

– Cette sauterelle magique te dictera ta mission et répondra à tes questions ! Tu peux partir.

Abella mit l'insecte dans sa poche et sortit.

Alors, à leur tour, Colomba, Flavia et Gina s'avancèrent, suivis petit à petit des six autres chats. Tous voulaient essayer la vie de sorcière.

A

Abella

Un balai rangé sur le perron de la chaumière attendait Abella. Elle l'enfourcha et s'envola au-dessus de la forêt enchantée. Bientôt, elle découvrit un palais flanqué de quatre belles tours effilées.

– Dès que tu vois le palais, atterris et sors-moi de là ! toussa soudain une petite voix. J'étouffe au fond de ta poche !

Abella se souvint soudain que la sorcière Mauricette Rondelette lui avait confié une sauterelle magique. Elle se posa aussitôt dans le parc désert du château. L'insecte bondit dans la main d'Abella en rajustant ses ailes.

– Je m'appelle Zérodeux et voilà ta mission, grogna-t-elle. Avant demain soir, tu dois ramener une araignée à Mauricette Rondelette…

– Facile ! s'écria Abella.

– Pas si vite ! reprit la sauterelle. Pour agir dans la potion magique, cette araignée doit s'être promenée trois minutes sur le visage d'un prince sans qu'il s'en aperçoive. Bon courage ! Si tu as besoin de moi, je fais ma sieste sur l'herbe fraîche.

Abella entra dans une petite remise et cacha son balai magique derrière des outils de jardinier. Elle rajusta sa robe et alla demander du travail au château.

À peine entrée, Abella découvrit son reflet dans un miroir. Jolie sorcière blonde, elle semblait avoir douze ans.

– Nous n'avons besoin de personne, lui dit l'intendante d'un ton sec. À moins que… Tu t'y connais en jardinage ?

– Bien sûr, j'aide souvent mon père ! mentit Abella.

– Alors va aider Firmin. Tu gagneras deux sous par jour.

Abella passa une bonne partie de l'après-midi à faire semblant de creuser la terre. Elle se concentrait devant les fleurs à planter, murmurait une formule qu'elle inventait et aussitôt, le travail se faisait !

Elle en profita pour observer les va-et-vient du château. Elle vit la reine Astrid en promenade au bras du roi Hubert, aperçut la petite princesse et son cerceau. Enfin, elle découvrit un prince qui lisait sur un banc. Les yeux petits, un nez énorme et le menton en avant, il devait avoir vingt ans.

« Quel beau garçon ! se dit la sorcière. Si j'avais quelques années de plus, je lui jetterais un petit sort pour l'épouser ! »

Mais l'heure n'était pas au rêve, Abella avait une mission urgente. Elle trouva sur un rosier une belle araignée qu'elle cacha entre les pétales d'une rose.

Elle approcha la fleur de sa bouche et murmura :

Araignée au ventre rayé

Promène d'un pas léger

Tes pattes velues sur un gros nez,

Sans jamais le chatouiller.

La bouche en cœur, la petite sorcière se posta devant le jeune homme.

– Respire le parfum de tes roses ! dit-elle en souriant.

Le prince leva la tête. Jamais aucune servante ne s'adressait à lui ainsi. Surpris, il n'osa pas refuser, sentit la fleur et se ravisa.

– On ne tutoie pas un prince comme moi ! grimaça-t-il, le nez décoré d'une araignée. Va-t'en, petite effrontée !

Trop occupée à calculer les minutes qui passaient afin de s'enfuir avec l'insecte, Abella n'écoutait pas. Un sourire figé sur les lèvres, elle attendait sans bouger.

– Mère, Père, à moi ! cria le garçon rouge de colère.

Ils arrivèrent dans la seconde.

– Cette fille me manque de respect, pleurnicha-t-il.

Aussitôt qu'ils virent la petite bête, la reine Astrid claqua des dents et le roi Hubert hurla :

– À l'aide ! Attrapez-la, aplatissez-la, écrabouillez-la !

– Père, murmura le prince sans comprendre, n'exagérons rien et calmons-nous ! La pauvre fille m'a juste tutoyé !

Abella, elle, comptait encore. Le temps était presque écoulé quand un garde saisit l'araignée.

– Quant à cette petite idiote, enfermez-la jusqu'à demain, dit le roi.

Emportée par deux brutes, Abella crut qu'elle volait. Le temps de compter jusqu'à dix, elle fut enfermée à double tour dans une serre du jardin.

– Zérodeux, Zérodeux ! souffla-t-elle à travers les barreaux d'une fenêtre ouverte. Quelle est la formule pour ouvrir ?

La sauterelle arriva presque aussitôt.

– Je ne la connais pas, dit-elle. Pas de chance, tu es tombée sur le grand nigaud. Son frère aurait été mieux !

– Son frère ? s'étonna Abella.

– Oui, ma chère, reprit Zérodeux, il y a deux princes ici : le grand nigaud et l'odieux petit curieux !

Abella voulut en savoir plus, mais Zérodeux avait déjà bondi dans l'herbe verte.

– Je vais retrouver des copains près du lilas ! cria-t-elle.

À ce moment-là, Abella entendit une musique dans le ciel. Elle siffla l'air magique de Mauricette Rondelette et agita un bras par la fenêtre.

– Carlos, cria-t-elle, je suis là !

Une radio aux ailes de corbeau se posa sur la main d'Abella. Elle chantait à tue-tête :

Que voulez-vous, jeune beauté ?

Je n'ai rien à vous donner,

Juste quelques baiiiiseeers…

– Carlos, sourit Abella, aide-moi à attirer ici l'odieux petit curieux !

– Ok, je sais faire : bouche-toi les oreilles !

De toutes ses forces et de toute sa voix, Carlos entonna un air d'opéra. Dans la minute qui suivit, le jeune Childebert était là. Il avait cinq ou six ans. À travers les barreaux, il désigna Carlos.

– C'est quoi, ça ? demanda-t-il.

– Rien du tout ! répondit Abella.

La radio, vexée, s'arrêta aussitôt. Le petit prince croisa les bras.

– Je t'ordonne de faire chanter ta boîte, dit-il à Abella, ou je crie au secours !

– Hélas, Majesté, elle ne m'obéit pas, chuchota Abella. Un prince comme vous a peut-être ses chances ! Venez et murmurez-lui des mots gentils entre les ailes. Elle adore les compliments.

Childebert haussa les épaules :

– Mon père m'interdit d'entrer ici !

– Alors tant pis et au revoir, joli prince, sourit la petite sorcière en fermant la fenêtre.

Childebert cogna longtemps au carreau, mais il finit par s'éloigner.

Il ne tarda pas à revenir.

– Ces idiots de gardes ne m'ont pas vu prendre leur clé ! dit-il en ouvrant la porte de la serre. Si mon père me trouve ici, il les fera tous jeter au cachot !

À la demande du prince, Carlos chanta, mais en sourdine cette fois. Très vite, l'odieux petit curieux s'intéressa à autre chose :

– Je suis sûr que tu as fait exprès de poser une grosse bête sur le nez de mon frère !

– Pas du tout ! répliqua Abella en rougissant.

– Seules les sorcières osent faire cela ! Attrape une araignée et mets-la dans ta bouche. Je le veux !

Abella éclata de rire :

– D'accord Majesté ! Carlos, joue-nous une berceuse !

Et, tandis qu'elle cueillait l'insecte aux pattes noires, elle chuchota une formule de sorcière. Bercé par la musique et les mots magiques, Childebert s'endormit aussi profondément que la Belle au bois dormant. Abella posa l'araignée sur le petit nez et se mit à compter.

– Childebert, mon fils, où êtes-vous donc ? cria soudain une voix près du château.

Dans son sommeil, l'enfant bougea.

La reine approchait, et jamais les secondes ne semblaient passer.

Enfin, les trois minutes s'écoulèrent. Sans perdre un instant, Abella captura l'araignée, salua Carlos et retrouva Zérodeux près du balai. Elles s'envolèrent sans bruit au-dessus de la forêt.

Le prince ne s'éveilla que lorsque sa mère le secoua.

Au château, tous en eurent vite assez des mensonges, des colères et des drôles d'histoires de Childebert. Le prince eut beau parler de la sorcière, personne ne le crut jamais.

Colomba

Assise à califourchon sur son balai, Colomba manqua trois fois de tomber. Prudente bien qu'un peu énervée, elle décida de voler au ras du sol dans la forêt.

– Où allons-nous ? demanda-t-elle à Zérotrois, la sauterelle magique.

D'un air soucieux, Zérotrois frotta ses pattes sur sa tête.

– À vrai dire, finit-elle par avouer, j'ai un peu oublié le but de ta mission. Je me suis levée trop tôt ce matin, je n'ai même pas eu le temps de boire mon jus d'herbe !

Colomba posa un pied à terre.

– Tu plaisantes ? cria-t-elle. Mauricette Rondelette compte sur nous pour trouver un ingrédient de sa potion ! J'ai même dans ma poche un carnet de formules magiques pour aller plus vite !

– Oui, oui, je sais ! pleurnicha Zérotrois. Attends ! Ça me revient ! Tu dois lui rapporter une écaille. Voilà ! C'est ça, une écaille !

– Une écaille de quoi ? De poisson ? De tortue ?

Zérotrois éclata d'un rire nerveux :

– Hélas non, une écaille de dragon ! Tu connais cette bête ?

C'est vert, trèèès méchant, ça souffle un feu trèèès dangereux, ça porte des griffes trèèès pointues…

– Je sais, merci, souffla la sorcière. Toi, tu es trèèès énervante !

– En plus, continua Zérotrois sans écouter Colomba, il paraît que le dragon de notre forêt est toujours af-fa-mé !

Comment voler une écaille à ce terrible monstre ? Colomba se boucha les oreilles pour réfléchir, mais Zérotrois sauta sur sa main.

– Qu'est-ce que tu peux être moche avec tes cheveux verts et hérissés, glousssa-t-elle. On comprend que les dragons n'aiment que les princesses !

Colomba ouvrit grand ses yeux et enfourcha son balai. Sans le vouloir, la sauterelle lui avait donné une idée.

– En route ! dit la jeune sorcière.

Le balai partit à la vitesse d'une fusée. Au détour du chemin, une grotte apparut, sombre et inquiétante.

– Stop, c'est là ! frémit Zérotrois.

La sorcière se cacha à l'abri d'un rocher.

– Attends-moi ici sans faire de bruit ! ordonna-t-elle à Zérotrois.

Elle relut son carnet de formules magiques. Puis, comme une toupie, elle tourbillonna en murmurant :

– Abracadasorcièra froufrou froufrouta, en princesse transforme-moi !

Aussitôt, son manteau noir se changea en une magnifique robe de dentelles. La soie légère de sa ceinture flotta dans l'air tourbillonnant.

Le bruit éveilla le dragon endormi. À contrecœur, il ouvrit un œil. Une belle fille couronnée d'or semblait décidée à l'ennuyer.

– Encore une princesse qui attend un mari, ronchonna-t-il.

Sans prévenir, il souffla une flamme assez épaisse pour faire fondre un iceberg. La gracieuse Colomba prit ses dentelles et ses jambes à son cou.

– La prochaine fois, pour courir plus vite, récite la formule des talons plats ! railla Zérotrois.

Colomba haussa les épaules mais ne s'avoua pas vaincue. Cachée dans un renfoncement du rocher, elle pirouetta et murmura :

– Abracadasorcièra Bijouti Frisetta, en duchesse transforme-moi !

Avec sa coiffure à plumes et ses cascades de bijoux, la belle repartit à la conquête de la bête.

Déjà recouché, le dragon entendit des pas. Il soupira des étincelles et se décida à ouvrir l'autre œil : « À présent, voilà une niaise à chapeau qui m'apporte des cadeaux ! », pensa-t-il.

Il saisit Colomba avec sa grande patte griffue et la laissa retomber sans pierres précieuses. La duchesse atterrit sur les fesses et déguerpit en vitesse en oubliant son chapeau.

Mais à peine arrivée, une bouffée de colère l'envahit tout entière. Elle cassa son balai contre le rocher en braillant :

– Qu'est-ce que c'est que ce dragon minable ? Pour qui se prend-il, ce gros plein d'écailles incapable de faire autre chose que de roupiller ?

– Colomba, tais-toi ! gémit en vain Zérotrois.

– Approche, cornichon, reprit Colomba en agitant le manche du balai. Je vais te mettre des coups de bâton dans les ailerons !

Tous les oiseaux de la forêt écoutaient avec inquiétude les rugissements de la sorcière.

Le dragon, terriblement vexé, sortit lentement de sa caverne.

Sous les pas du monstre, le sol tremblait d'épouvante, mais Colomba, elle, n'entendait rien. Soudain, il surgit devant elle en crachant de rage. Une seconde, elle devint muette, mais elle se souvint de la formule secrète pour s'envoler :

– Abracadasorcièra, en Colomba transforme-moi !

Hélas, elle avait ajouté le « a » de son prénom au mot « colombe ». Sans comprendre pourquoi, Colomba redevint sorcière et non oiseau.

Le monstre se préparait à la croquer quand brusquement, il se ravisa. De furieux, ses yeux devinrent amoureux. Son ronflement terrifiant se changea en ronronnement caressant. Avec délicatesse, il posa Colomba sur sa grosse patte gauche et, du bout de ses griffes droites, il coiffa la tignasse verte de la sorcière.

– Tes cheveux ont la couleur du dragon ! chevrota Zérotrois. C'est pour cela que tu lui plais ! Moi, je m'en vais, j'ai besoin d'un jus d'herbe pour me remonter !

Sans attendre de réponse, la sauterelle disparut.

Bien vite, Colomba se retrouva prisonnière tout au fond de la caverne. Quelques écailles brillaient dans le logis du dragon, mais à quoi bon ? Elle ne pouvait s'échapper sans balai ni formule magique. Zérotrois, la seule qui aurait pu la secourir, s'était enfuie.

Colomba se blottit dans le nid et le dragon affectueux souffla un petit feu pour la dorloter. Cependant, au bout de plusieurs heures, on entendit un galop lointain. Aux aguets, le dragon se dressa, prêt au combat. Quand le cheval fut presque là, le monstre boucha l'entrée de la caverne en déployant ses ailes.

C'est un chevalier à l'allure de roi qui arriva sur son étalon. Le menton et le courage en avant, il interpella le dragon :

– Je vois un chapeau de dame par terre ! Ce que j'ai rêvé est donc vrai, tu as une prisonnière ! Foi de Godefroy, je vais la délivrer !

Visiblement, le dragon n'avait aucune envie de se laisser faire. Il inspira une grande bouffée d'air frais. Il s'apprêtait à la recracher quand Colomba le caressa de sa petite voix :

– S'il vous plaît, joli dragon, laissez-moi juste regarder ce chevalier. Après vous ferez ce que vous voudrez ! Jamais je ne le suivrai, promis juré.

Le dragon, qui ne savait que faire pour plaire à sa protégée, accepta.

Pendant ce temps, Godefroy s'était préparé à guerroyer. Debout sur sa selle, il faisait tournoyer de ses deux mains ses deux épées. Colomba passa la tête entre les pattes du dragon et cria :

– Coucou, joli coco ! Tu veux m'épouser ?

La tignasse verte de la sorcière brillait comme dans un cauchemar. Le monstre prit sa respiration. Inutile : le chevalier s'enfuyait déjà sur le sentier. Pour sauver sa vie, il avait abandonné sur place son étalon, ses épées et son courage.

Le dragon se retourna, mais hélas, il ne trouva plus Colomba. Quelques écailles précieuses en poche, elle menait le cheval au galop. Soudain, Zérotrois jaillit de la crinière blanche :

– Salut, je suis là ! L'idée de t'envoyer un prince est de moi. Il dormait dans la forêt et je lui ai murmuré de te libérer !

Colomba éclata de rire.

– Et si on allait plus vite ? repris Zérotrois. J'ai pris le carnet de formules magiques derrière le rocher !

C'est ce soir-là, pour la première fois, qu'un étalon blanc survola la forêt enchantée.

Flavia

Cela faisait déjà deux heures que la petite sorcière Flavia volait dans la forêt enchantée. Zéroquatre, la sauterelle magique, sautillait sur le balai.

– Je n'y comprends rien, lâcha-t-elle soudain. Mauricette Rondelette te demande de ramener un champignon bleu à pois rouges. Il n'y en a pas. J'en vois des gris, des bruns ou des roux, c'est tout !

– Pas de soucis, souffla Flavia. Nous avons deux jours pour le trouver !

C'est à ce moment-là qu'elles le virent. Gonflé et dressé sur son pied, il trônait fièrement au-dessus d'un fossé. Elles hurlèrent en même temps :

– Quel beau champignon ! On se pose et on le cueille !

Flavia se posa mais ne le cueillit pas. Elle admira ses taches rouges, brillantes comme des bonbons sur un gâteau.

Une petite porte s'ouvrit alors dans le chapeau. Un lutin en chaussons se dressa fébrilement sur le toit de sa maison. La main en visière, il observa rapidement la forêt. Quand il vit les visiteuses, il sursauta.

– C'est vous qui avez donné l'alerte ? demanda-t-il. Vous avez croisé l'armée

des limaces noires, n'est-ce pas ?

– Non, répondit Flavia. Nous avons crié d'admiration devant votre maison.

– Ma demeure est la plus haute du quartier, répondit le lutin en bombant le torse, elle est parfaite pour travailler ! Je suis Max le guetteur. Salut et bonne journée !

Sans attendre de réponse, il rentra dans le champignon.

Zéroquatre hocha la tête.

– Qu'allons-nous faire à présent ? demanda-t-elle.

Flavia sourit :

– Toi, tu attends ici, et moi, je vais là-bas. Regarde !

Un peu en contrebas, trente champignons brunâtres dessinaient un cercle parfait.

Des lutins allaient et venaient au centre, comme sur la place d'un village.

Flavia courut sur le sentier pour cueillir des herbes parfumées. Elle les écrasa entre deux pierres, en fit une pâte qu'elle mâcha avec application. Et soudain, elle devint plus petite. Elle rétrécit tant et si bien qu'elle prit la taille d'un lutin.

– À tout à l'heure ! dit-elle.

– Salut Mirabelle, gloussa la sauterelle.

Flavia dévala la pente du fossé. Elle courut jusqu'au village et se laissa entraîner dans une farandole. Avec ardeur, lutines et lutins lui chantèrent un refrain :

Lundi, mardi, une invitée danse ici.

Mercredi, jeudi, elle se fait des amis.

Vendredi, samedi, la voilà partie.

Mais dimanche, tout le monde rit car...

Lundi, mardi, une invitée danse ici...

Jamais la comptine n'en finissait, jamais la danse ne s'arrêtait. Flavia riait aux éclats en défilant le long des maisons champignons.

Elle découvrit des toboggans en écorce tapissée de feuilles, des jeux de labyrinthe dans les fougères. Elle vit des bancs faits de brindilles et de cailloux, des réserves d'eau creusées dans des pierres.

Au bout d'un moment, Flavia lâcha les mains des lutins.

– Laissez-moi me reposer, dit-elle, je suis essoufflée !

Une lutine se précipita :

– Je suis Pim. Viens manger chez moi, j'ai une fraise des bois ! Ce n'est pas si souvent que les sorcières nous rendent visite !

Flavia entra chez Pim. Émerveillée, elle s'installa dans une coquille de noix. Des vers luisants éclairaient doucement l'intérieur de la maison parfumée. La lutine lui tendit une demi-fraise :

– Goûte, elle est bonne ! Tu nous crois gais, mais en vérité nous sommes inquiets, dit-elle. Des oiseaux nous ont annoncé l'arrivée des limaces.

– Vous n'avez qu'à les chasser ! répondit Flavia.

– Nous allons essayer mais l'an dernier, le village entier a été dévoré !

À ce moment-là, dehors, on entendit du muguet tintinnabuler. Pim se leva d'un bond :

– Max sonne les cloches ! Vite, l'Armée noire approche !

– Viens avec moi ! dit Flavia.

Dehors, les lutins affolés faisaient rouler des bogues de châtaigne. Ils les installaient en remparts à l'extérieur du village. Pim et Flavia remontèrent le talus en courant.

Là-haut, Zéroquatre se régalait tranquillement d'herbes vertes.

– Je te présente ma sauterelle, annonça Flavia. Grâce à elle, nous allons faire de l'espionnage !

Zéroquatre baissa la tête :

– Grimpez sur mon dos, jolies demoiselles !

En quelques bonds, Flavia et son amie découvrirent leurs ennemies. Elles se préparaient au festin en se dandinant sur le chemin. À l'arrière, la générale des armées comptait :

–Un, deux, avancez, grosses limaces, et soyez efficaces ! Trois, quatre, dressez vos antennes, montrez de l'audace !

Zéroquatre revient avec Pim devant la maison rouge et bleu du guetteur. La pauvre lutine tremblait de frayeur.

– L'Armée noire est au tournant du chemin ! hurla-t-elle en bondissant sur le talus.

Les cris des lutins déchirèrent la forêt :

– Amassons des cailloux ! Nous n'avons plus de châtaignes pour défendre notre village !

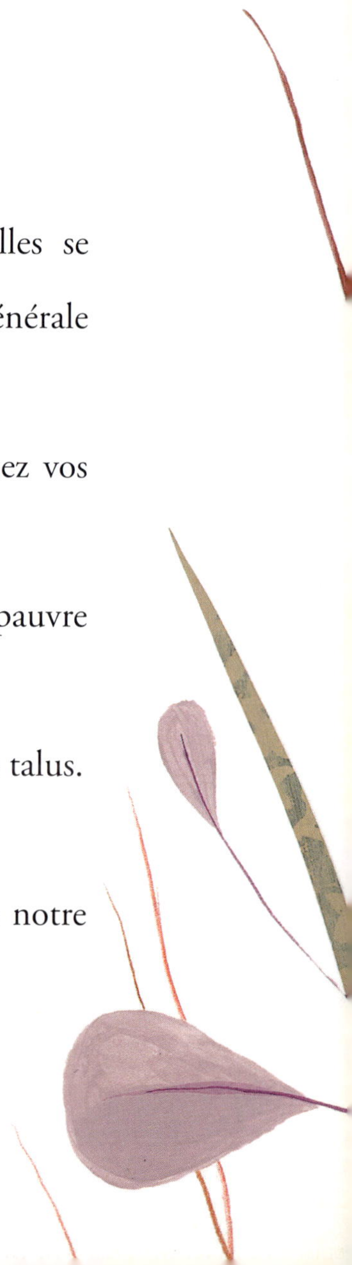

C'est alors que la petite sorcière pensa aux pouvoirs d'une plante. Elle tapota les ailes de Zéroquatre :

– Et si on allait cueillir de la fétida puante ? Cette fleur rare sent très mauvais !

Longtemps, Flavia chercha en se guidant à l'odeur. Enfin, elle trouva la fameuse fleur. Pas une mouche, pas une fourmi ne réussissait à l'approcher tant elle empestait. La petite sorcière récolta quelques graines de fétida puante et regagna le village. Il était temps, les limaces affamées avaient beaucoup avancé !

Flavia rassembla les lutins sur la place du village.

– Faites-moi confiance, dit-elle. Les sorcières connaissent les pouvoirs des plantes !

Elle réchauffa les graines entre ses mains et prononça en secret des mots enchantés. Puis, de toutes ses forces, elle les jeta en l'air.

Telles des boulets de canon lancés en tirs ordonnés, les graines encerclèrent le village. Des plantes jaillirent du sol et des fleurs fusèrent, plus hautes que des champignons. Une odeur écœurante envahit aussitôt le village.

L'Armée noire freina brusquement. Les lutins entendirent la voix ahurie de la générale qui répétait :

– Grosses limaces ! Ça pue, les champignons ont disparu. Fini l'audace, faisons volte-face !

Alors, en riant et en se bouchant le nez, tous les lutins dansèrent autour de la sorcière. Flavia fit apparaître une graine et prononça une formule magique. Les remparts

de fétidas puantes disparurent et une belle citrouille apparut.

– Voilà une salle des fêtes dans laquelle vous pourrez tous entrer une fois que vous l'aurez creusée ! dit-elle.

Max le guetteur explosa de joie.

– Je m'en servirai aussi pour faire le guet ! dit-il. De là-haut, la vue doit être imprenable ! Puisque tu aimes ma maison, cueille-la, elle est pour toi !

Flavia jeta le chewing-gum aux herbes qu'elle mâchonnait depuis le début. En un clin d'œil, elle retrouva sa vraie taille.

Elle ramassa le champignon bleu à pois rouges et envoya, avant de s'envoler, cent baisers à la volée.

– À bientôt, dit-elle aux lutins rassemblés. Pim, c'est promis, je reviendrai !

Gina

À son tour, Gina quitta l'arbre et la maison perchée de Mauricette Rondelette. Postée à l'avant du balai ensorcelé, Zérocinq, la sauterelle magique dirigeait sa protégée.

– Que tu es drôle en adolescente, gloussa-t-elle. Tes boucles rousses ressemblent à des ressorts !

Gina passa en riant ses mains dans ses cheveux. Le balai piqua droit sur la cime d'un châtaignier.

– Attention, redresse le manche, hurla la sauterelle, et vire à gauche au grand chêne !

Quelques secondes plus tard, Gina se posait en douceur devant une maisonnette de bois. Une pancarte suspendue au-dessus de la porte annonça d'une voix grinçante :

À la sorcière pressée

Potions préparées – asticots surgelés – plantes et limaces séchées

Entrez sans râler

La jeune sorcière écarquilla ses yeux verts.

– Qu'est-ce qu'on fait ici ? demanda-t-elle.

– Mon pauvre chaton, pleurnicha Zérocinq, ta mission n'est pas simple. Tu dois trouver du concentré de sortilèges pour Mauricette.

– Qu'est-ce que c'est ? On en vend dans cette échoppe ?

– C'est une potion spéciale qui permet à une sorcière de retrouver tous ses pouvoirs d'un coup. Le problème, vois-tu…

Zérocinq ne continua pas sa phrase. Gina ouvrait déjà la porte d'*À la sorcière pressée*. Un brouhaha incroyable lui sauta aux oreilles. Sur mille étagères, des objets de toutes tailles et de toutes couleurs s'agitaient en discutant. Certains grognaient, d'autres gigotaient alors qu'ailleurs, des serpents sifflaient des injures aux hiboux.

Derrière la caisse, un vieil homme ratatiné comme un champignon sec pesait des lézards frétillants. Avec la rapidité de l'éclair, il fixa de son œil unique les yeux de Gina. Son nez crochu frémit de méchanceté :

– Qui es-tu, gamine ? Je ne t'ai jamais vue dans la forêt enchantée.

Les objets inquiets écoutèrent les explications de la nouvelle arrivée. Mais le rire féroce du sorcier secoua la maison jusqu'au toit :

– La vieille Mauricette attend mon aide ? Fantastique, je lui rendrai visite avec grand plaisir ! À présent, file… ! De l'air !

Le sorcier dévisagea Gina en marmonnant des mots étranges. Les fioles multicolores agrippées aux étagères murmurèrent quelques commentaires angoissés.

Alors le vent obéissant entra avec force.

Dehors, Zérocinq faisait les cent pas sur le manche du balai. La porte claqua et la pauvre sorcière emportée par le souffle atterrit sur la mousse du sous-bois. Elle se releva aussitôt, en frottant ses vêtements.

– Qu'est-ce que tu proposes, à présent, mademoiselle Toujours-Pressée ? gronda Zérocinq, les pattes sur les hanches. On n'a pas idée de partir en mission sans écouter les instructions !

Gina releva les yeux :

– Je vais jeter un sort à ce vieux fou… Je suis sorcière après tout !

– Adémar, un vieux fou ? s'étrangla Zérocinq. C'est le sorcier le plus redouté de la forêt ! Seule Mauricette a été capable de lui tenir tête !

Les pleurs de Gina firent brusquement taire la sauterelle. Elle bondit sur une boucle rousse pour se balancer en douceur près de l'oreille de l'adolescente.

– Tu la trouveras, cette potion, mon chaton, murmura-t-elle. Prends ton temps et réfléchis bien, cette fois. Moi, je reste là pour toi.

Gina sécha ses larmes et s'aventura autour de la maison sur la pointe des pieds. Portes et volets étaient fermés. Elle colla son œil à un trou de serrure. Ce qu'elle vit et entendit la fit frémir. Seul dans son atelier, le vieil Adémar déplaçait des objets à distance, avec les gestes d'un chef d'orchestre. Tour à tour, un chaudron se mit

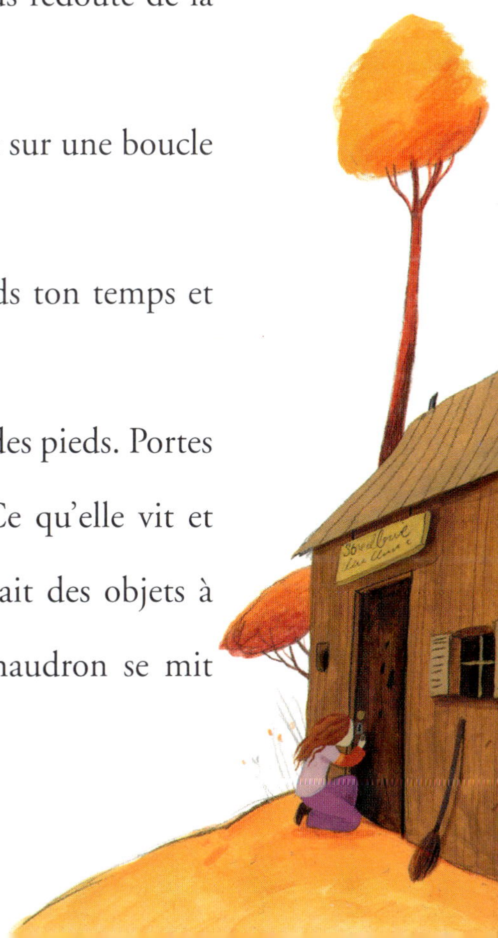

en place puis un broc d'eau s'y déversa en tremblant, tandis que des pots de poudre et d'herbes séchées s'y répandaient dans un murmure épouvanté.

– Vous n'avez aucune raison de vous inquiéter puisque c'est à moi, pour toujours, que vous obéirez ! ricanait le sorcier. Cette potion permettra à votre chère Mauricette de garder sa jolie peau de bébé !

Adémar étendit les mains au-dessus du chaudron :

– Mijote, gigote et rebelote ! Que les sorcières sanglotent, que leurs chats tremblotent, le grand sorcier complote !

Loin d'être rassurée, la potion bouillonna et les bulles affolées ne surent qu'éclater.

À ce moment-là, la porte de l'échoppe hulula.

– Monsieur Adémar, êtes-vous là ? cria une voix. Je voudrais des caramels à l'escargot pour mes rats !

L'occasion était trop belle. En l'absence du sorcier, Gina décida de se renseigner. Elle rapetissa jusqu'à avoir la taille et les ailes d'une abeille, passa par le trou de la serrure et se posa sur une étagère. La minuscule jeune fille demanda où se trouvait le concentré de sortilèges.

– Que dis-tu ? répondit un pot. Je suis sourd !

– Moi, je ne peux pas t'aider, larmoya un compte-gouttes. Je suis nouveau. Hier encore j'étais un écureuil !

– Adémar nous a tous ensorcelés ! brama le fauteuil. Jusqu'à la semaine dernière, je gambadais avec d'autres biches !

Une pendule-hibou se mit à sonner.

– On risque gros, mais je vais t'aider, dit-elle. Avec mes yeux, je trouve tout !

Gina la rejoignit en voletant. Mais elle arriva trop tard : Adémar revenait dans son atelier. Cachée dans l'ombre de la pendule-hibou, Gina attendit la suite des événements.

Hélas, une balance ne put s'empêcher d'agiter ses plateaux.

– Patron, grinça-t-elle, quelqu'un est entré quand vous n'étiez pas là !

– Ah bon ? répondit le sorcier.

– Oui ! C'est une toute petite sorcière ! Elle cherche du concentré de sortilèges ! Elle est…

Mais la balance se tut soudain. D'un bond sur son plateau gauche, un bol l'avait déséquilibrée.

Adémar devint comme fou. Il tourna et chercha Gina partout.

– Où est la petite peste envoyée par Mauricette ? criait-il.

– Elle est dehors, mentit un miroir.

Aussitôt le sorcier sorti, la pendule indiqua à Gina le concentré de sortilèges. Avec un flacon aussi lourd, plus question d'avoir des ailes d'abeille ! La sorcière réfléchit quelques secondes et sourit :

– Abracadabré, j'ai trouvé ! Une pie je serai !

Désormais vêtue d'une robe de plumes noires et blanches, Gina s'envola vers le flacon, prête à l'attraper par le bouchon.

– Et nous ? hurlèrent les objets sur les étagères.

– Désolée, s'excusa Gina. Que puis-je faire ?

– Je suis la boîte à mystères, chuchota un coffret serti de pierres. Je garde les secrets de chaque objet !

Avec son bec, la pie magicienne tapa sept fois sur le couvercle. Il s'ouvrit. Aussitôt, une fumée étincelante envahit l'atelier. Gina se concentra :

– Vapeur magique, rend à chacun sa forme authentique !

En quelques secondes, l'atelier se peupla d'animaux de la forêt. Ils s'échappèrent en courant, en volant ou en rampant. Seul un petit cafard rouspétait sur l'escalier.

– J'étais mieux en balance, disait-il. Au moins, j'avais de l'importance !

À son tour, Gina s'envola, son flacon dans le bec. En sortant, elle croisa le sorcier qui hurlait et bondissait. Gina eut juste le temps de se transformer en adolescente pour s'envoler sur son balai.

– Pose-toi une minute sur un arbre, mon chaton, et regarde en bas ! demanda Zérocinq.

Le vent appelé par tous les animaux emportait Adémar et son vilain cafard. Jamais plus on n'en entendit parler. On ne sut même pas où ils étaient passés.

Quant au chat Gina, il devint le meilleur ami des animaux de la forêt.

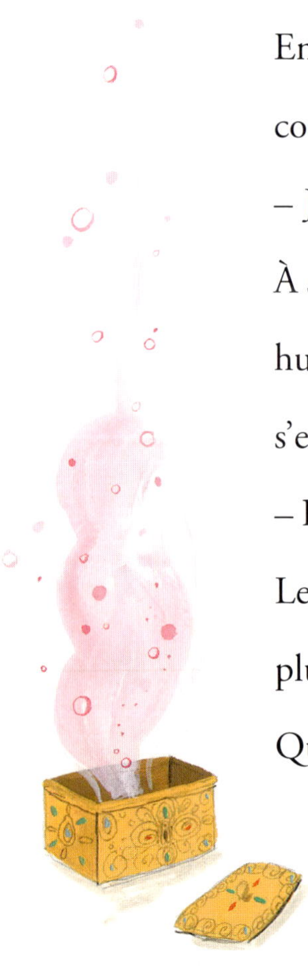

Lolita

Difficile d'enfourcher un balai avec une robe serrée ! Lolita s'assit en amazone et quitta la maisonnette perchée dans les arbres. Zérosix, sa sauterelle magique, faisait partie du voyage. D'un bond, elle passa des longs cheveux noirs aux mains de la sorcière.

– Avec tes vingt ans et tes yeux dorés, tu vas faire des ravages ! siffla-t-elle. Je n'ai jamais vu une fille aussi belle !

– Merci, sourit Lolita, mais ça m'est égal. Une fois ma mission terminée, je serai à nouveau un chat paresseux. J'aime trop les coussins de Mauricette !

En équilibre sur son balai, Lolita réussit à s'étirer.

– Où allons-nous ? demanda-t-elle gaiement.

– C'est toi qui rapportes l'eau de la potion, répondit Zérosix. Tu dois juste remplir un seau au puits du village !

Elles sortirent de la forêt. Le balai survola des maisons serrées les unes contre les autres comme les grains d'une grappe de raisin. Elles se posèrent en silence. La chaleur du début d'après-midi écrasait la petite place sans arbres. La sorcière cacha ses affaires derrière un banc de pierre.

– Il n'y a pas un chat, ici ! chuchota Zérosix.

– Si, il y a moi, s'amusa Lolita, et tant mieux si les villageois font la sieste !

Lolita avait parlé trop fort. Quelques visages apparurent aux fenêtres. Bientôt, des curieux jaillirent sur la place du village. Ils étaient une quinzaine, des jeunes, des vieux, des hommes surtout, à dévisager cette superbe visiteuse. Puis, jalouses, les femmes sortirent à leur tour.

– Qui es-tu ? demanda une enfant en s'accoudant au puits. On ne t'a jamais vue ici !

L'espace d'une minute, Lolita hésita. Zérosix lui chuchota un conseil à l'oreille.

– Je viens d'un village voisin, répéta la sorcière. Nous n'avons plus d'eau chez nous !

– Plus d'eau ? Malgré la pluie de ces derniers temps ? s'étonna une femme.

– Les prochaines maisons sont de l'autre côté de la montagne ! siffla une autre. Tu viens d'aussi loin ?

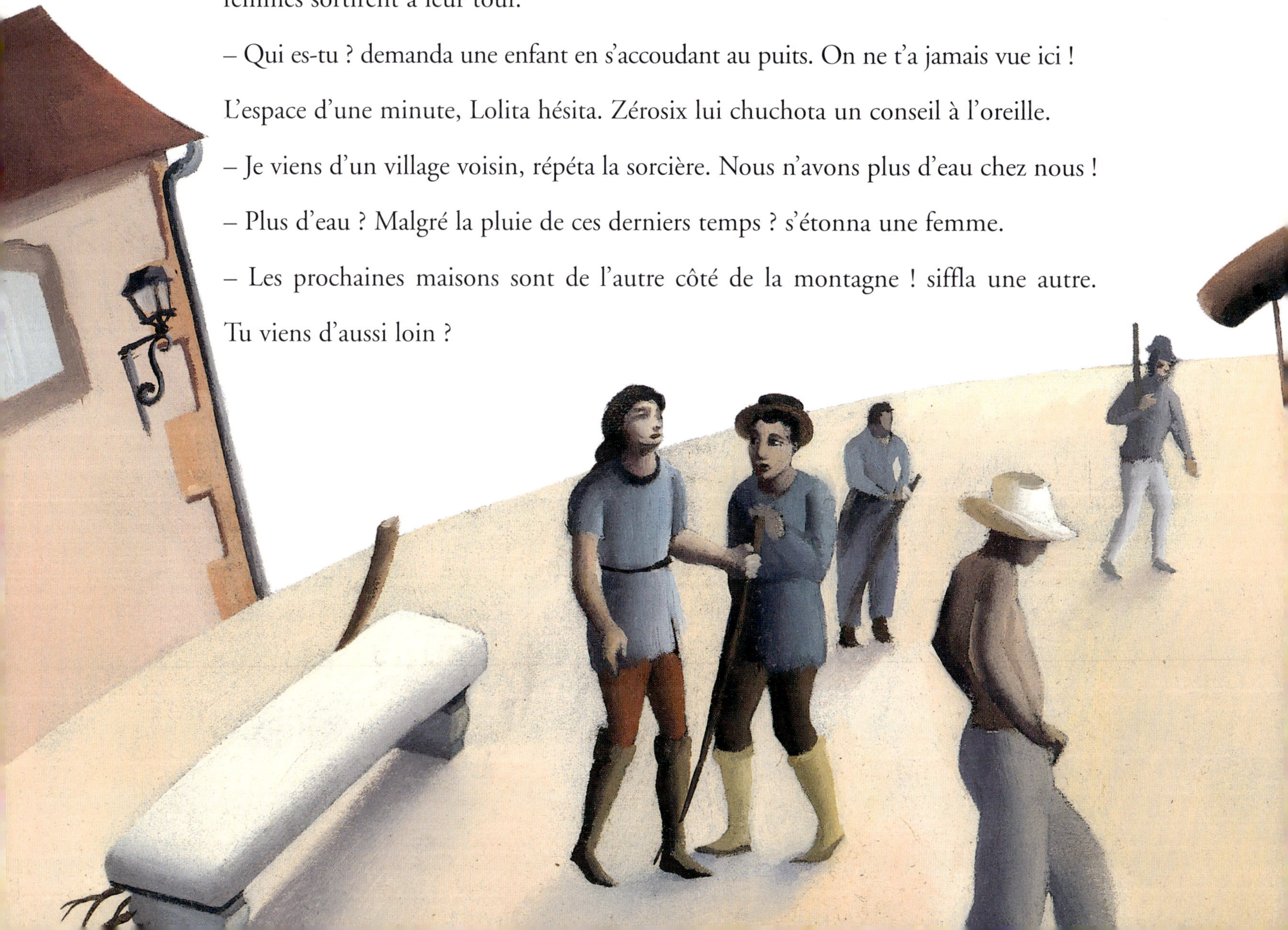

Les hommes, charmés, vinrent au secours de la jolie fille :

– Sers-toi ici et reviens quand tu veux !

Petit à petit les villageois, accablés par le soleil, se réfugièrent dans la fraîcheur de leur maison. À nouveau seule, Lolita trouva un seau abandonné. Elle l'accrocha à la poulie et, doucement, le fit descendre dans le puits. Lorsqu'elle le remonta, elle entendit un son étrange. Rempli à ras bord d'eau fraîche, le seau semblait parler en se balançant sur son crochet. Soudain, il grinça d'une voix métallique :

Je suis le seau sincère,
Je sais toute la vérité.
Lolita est une sorcière
de la forêt enchantée !

Lolita, affolée, tira plus fort encore sur la corde. Ainsi malmené, le récipient hurla :

Aïe ! Tu me fais mal, sorcière !

Attrapez la fille au cœur de pierre !

Arrêtez cette méchante vipère !

Lolita lâcha tout. Le seau retomba dans l'eau et se tut. Mais, tels des feux d'artifice, les villageois surgirent de chez eux, armés de bâtons.

– Une sorcière ? se disaient-ils. Mais oui ! On l'a bien vu dans ses yeux !

D'un mot magique, Lolita transforma sa robe étroite en pantalon et fila.

– Je la vois ! cria une femme. Elle est partie par là !

Lolita s'enfonça dans le village. Fine et souple, elle semblait une panthère. Quand elle n'entendit plus rien, elle se dissimula dans un coin. Mais très vite, un enfant bondit devant elle :

– Venez tous, la sorcière est là !

Coincée dans l'angle d'une maison, Lolita ne put qu'escalader le mur. Elle parcourut les toits brûlants sur la pointe des pieds et se laissa glisser le long d'une gouttière. Alors, au loin, d'autres cris fusèrent :

– Elle est dans la Grand-rue !

Désespérée, la sorcière reprit sa course. Soudain, la porte d'une grange s'ouvrit puis se referma sur Lolita. Au fond, un vieil homme la regardait, assis sur un ballot de paille.

– Viens, je n'ai pas peur des sorcières ! dit-il d'une voix râpeuse.

– Qui êtes-vous ? demanda Lolita.

– Je m'appelle Jocelyn. Repose-toi, ici tu ne crains rien. Ces idiots ne viennent jamais chez moi.

Lolita s'installa sur une couverture. Le vieux servit deux bols de lait tiède.

– Tu dois avoir faim ! dit-il en lui tendant la boisson.

Tous les deux burent lentement, à petites lampées. Lolita remarqua une énorme cicatrice sur l'oreille de son hôte.

– Qui vous a fait ça ? chuchota-t-elle.

– Cela fait si longtemps que je ne m'en souviens pas ! sourit le vieil homme.

Dehors, les villageois passaient et repassaient dans la rue. Bredouilles et furieux, ils crachaient leur haine :

– Elle s'est peut-être cachée chez ce vieux fou de Jocelyn !

– Allons voir. Nous sommes nombreux, nous ne risquons rien !

– Surtout pas ! Restons dehors jusqu'à ce qu'elle sorte !

Tout l'après-midi, réfugiés dans la grange, Lolita et Jocelyn parlèrent. La douceur et la ruse du vieil homme charmaient la sorcière.

– Ici, je vis tranquille. J'ai fait croire à ces sots que ma grange était infestée de fantômes !

– Voilà pourquoi ils n'entrent pas ! s'amusa Lolita.

À la nuit tombée, Zérosix prit la sorcière à part.

– Ce n'est pas en bavardant que tu aideras Mauricette ! lui dit-elle d'un ton sec.

Les yeux de Lolita brillèrent de colère :

– J'attends que les villageois aillent se coucher ! Ta Mauricette ne m'a donné aucune formule pour me débarrasser d'eux ! J'ai appelé Carlos à l'aide, il ne m'a même pas répondu !

Hélas, à la nuit noire, les habitants veillaient encore, postés à tous les coins de rue.

– Les humains ont peur de l'orage, dit Jocelyn de sa voix éraillée. Il ne pleut pas, c'est dommage.

Lolita bondit de joie. Grâce au vieil homme, elle avait compris ce qu'il fallait faire. Elle écarta ses doigts en l'air et murmura des mots magiques :

– Olam, Olam, que le tonnerre claque, que la nuit craque, que les éclairs attaquent !

Aussitôt la pluie tomba, la grêle s'en mêla, un vent terrible se déchaîna. Terrorisés, les villageois coururent s'enfermer dans leur foyer.

Alors Lolita remercia tendrement le vieil homme à l'oreille abîmée, et elle se rendit au puits. Le seau rempli d'eau hurla mille vérités, mais l'orage faisait trop de bruit : personne ne les entendit.

Au moment de repartir, Lolita leva les bras pour calmer le ciel et alla reprendre son balai. Sur le banc, un beau chat noir l'attendait.

– Comment vas-tu faire, miaula-t-il, pour transporter cette eau sans la renverser ?

Surprise, Lolita regarda le matou et poussa un petit cri : son oreille était abîmée !

– Oui, c'est moi, Jocelyn, reprit le chat. Un jour, les trolls du vieux moulin ont enlevé ma famille. Incapable de la sauver, je me suis enfui. Depuis, je vis caché sous les traits d'un vieux fatigué. Emmène-moi avec toi !

Tout à coup, Zérosix sortit la tête des cheveux de Lolita :

– Excusez-moi, mais j'ai trouvé : pour transporter l'eau, transformez-la en glace !

C'est ainsi qu'on vit sous la lune un balai chargé d'une sauterelle, d'un matou balafré et d'une sorcière en pantalon. Derrière eux, au bout d'une très longue ficelle, les suivait un énorme glaçon.

Olga

La petite Olga éclata de rire. Elle venait de faire un looping au-dessus de la forêt enchantée.

– Youpi ! J'ai un balai volant rien que pour moi ! hurla-t-elle. Zérosept, tu es encore là ? Accroche-toi, on recommence ! Et hop !

La sorcière fit deux autres boucles dans le ciel bleu. Agrippée aux poils du balai, la sauterelle magique protesta :

– Olga, je te rappelle que Mauricette Rondelette nous a confié une mission secrète !

– Attends, on joue encore une minute !

Cette minute de sorcière dura des heures. Le soleil rougeoyait à l'horizon quand Zérosept piqua une colère :

– En tant qu'agent secret, je suis obligée de te rappeler à l'ordre. Olga, si tu n'atterris pas devant le moulin, ton balai s'autodétruira ! Je compte jusqu'à dix…

Olga rentra la tête dans les épaules et obéit. Elle se posa sur les berges d'une rivière rapide et gaie. L'eau magique étincelait en bondissant sur la roue du moulin. Blottis au cœur des arbres, les oiseaux sifflotaient un air sucré pour s'endormir.

– Maintenant, qu'est-ce qu'on fait ? demanda la jeune sorcière. On assèche la rivière ou on pêche un poisson pour Mauricette ?

La sauterelle sembla embarrassée :

– D'habitude, les ordres sont plus clairs. Cette fois-ci, nous devons trouver de la moussurtrolle dans le moulin abandonné. Tu sais ce que c'est, toi ?

– Non, mais la première qui en trouve a gagné ! lança Olga.

Elle fonça en balai sur la maison fermée en criant :

– Abracadabra, entrée ouvre-toi !

La grande porte en bois bougea dans un craquement terrible. Zérosept sauta sur le nez d'Olga.

– Attends, gronda-t-elle, laisse les agents secrets faire leur métier ! J'entre en premier !

Le dernier rayon de soleil éclairait l'intérieur de la pièce. Au centre, deux rochers entouraient une table pleine de miettes et de crème séchée. Le sol était sale, couvert de détritus, de champignons pourris et d'os de chat.

– Quelle horreur ! grimaça la jeune sorcière en posant un pied par terre.

– Courage, ce sont peut-être des os de lapin, répondit Zérosept d'une petite voix.

– En tout cas, les habitants de ces lieux sont des brutes dégoûtantes !

Au sommet des deux rochers, de la mousse avait poussé, un peu comme des cheveux sur une tête. Olga la montra du doigt :

– Mousse, moussurtrolle, les deux mots se ressemblent !

J'en prends un peu et on quitte cet horrible endroit. Si Mauricette la refuse, on revient !

La petite sorcière escalada la première pierre.

Lorsqu'elle atteignit le sommet, le rocher s'ébroua. Surprise, Olga s'agrippa mais aussitôt, la pierre beugla des gros mots.

– Tu es sur un troll, hurla Zérosept, descends !

Zérosept réfléchit et reprit :

– Je comprends : Mauricette veut de la « mousse sur troll », et non de la « moussurtrolle » !

Olga essaya d'appeler son balai d'une formule magique. Mais affolée, elle resta muette.

C'est alors que l'autre rocher se réveilla. Il se changea en une créature ventrue, avec une queue d'écureuil et un nez en forme de courgette.

– Troll, mon mari, le soleil se couche, grogna la créature. Enfin nous pouvons bouger. J'ai faim ! Mets cette fille sur la table. Nous la croquerons avec de la salade !

– Bonne idée, ma Trollesse adorée ! grommela l'autre monstre.

D'une grosse main poilue, il attrapa Olga et la posa devant lui. En deux mots, Zérosept donna à la sorcière quelques informations secrètes sur le peuple des trolls.

– Il faut ruser ! chuchota-t-elle à son oreille. Ils sont costauds, méchants mais pas futés.

La petite sorcière reprit espoir. Debout, les mains sur les hanches, elle dit :

– Vous auriez tort !

– Pourquoi ? s'inquiétèrent les deux trolls.

– Si vous me mangez toute crue, après, vous ne m'aurez plus !

Les monstres échangèrent des regards encore plus idiots que d'habitude.

– Et alors ? dirent-ils d'une même voix.

– Et alors, je ne pourrai pas vous faire de cadeaux comme celui-là… Abracadabra, voilà !

Venu on ne sait d'où, un chou à la crème, gros comme une citrouille, atterrit sur la table. Vingt saucisses fumantes poussèrent alors dans la chantilly.

Les trolls reniflèrent de plaisir.

Ils se jetèrent sur le gâteau et l'avalèrent sans un mot.

– Encore, dirent-ils en se frottant la bouche avec leurs bras.

– Je veux bien, je pourrais en faire plein. En échange, donnez-moi vos perruques vertes !

La petite sorcière trop pressée aurait mieux fait de se taire. Les deux trolls se gonflèrent de colère et brisèrent la table d'un coup de poing. Olga sauta juste à temps.

– Tu nous prends pour des idiots ? hurlèrent-ils. Les cheveux, ça tient chaud !

Les sorcières, elles, réfléchissent vite. Olga trouva une nouvelle idée :

– Abracadabra : voilà un seau de soupe, vous n'aurez plus froid !

Les deux brutes l'avalèrent dans un bruit de cascade.

– À présent, on va jouer ! reprit Olga. Que diriez-vous d'une partie de devinettes ? À chaque bonne réponse, je vous donne un gâteau ou un bonnet. On peut y aller ?

– On est prêts ! grognèrent les trolls concentrés.

Olga commença par une énigme connue de tous dans la forêt :

– Qu'est-ce qui court et qu'on ne peut jamais rattraper ?

La trollesse mit la tête sur ses poings et essaya de réfléchir. Le troll, lui, leva le doigt en se dandinant :

– C'est moi !

– Non, c'est l'eau ! Perdu, pas de gâteau ! répondit Olga.

Très inquiets, les monstres tirèrent sur leur nez.

– J'ai une charade, dit Olga. Vous pouvez gagner mille crêpes cette fois !

Mon premier se dit, mon second rigole, mon troisième est entre le six et le huit, et mon tout est bien plus fort que vous !

Vexés, ils grognèrent pour montrer leur mauvais caractère, puis se mirent à chercher.

– Sou-ri-cette ? essaya enfin le troll.

– Non, mais j'ai l'impression que Monsieur est meilleur que Madame ! sourit Olga.

– C'est vrai, tu es nulle, grogna le troll.

– Quoi ? hurla sa femme.

La trollesse et son mari se roulèrent par terre, en s'arrachant les cheveux. Les deux monstres faisaient un tel vacarme que la petite sorcière ne risquait rien. Ravie, elle ramassa la mousse avec son balai et la rangea délicatement dans sa poche.

Quand elle eut terminé, Olga enfourcha son balai et cria sur le pas de la porte :

– C'est Mau-ri-cette !

Les trolls arrêtèrent immédiatement de se disputer.

– Où est-elle ? demandèrent-ils affolés.

– Viens, ma Trolesse adorée, décida le monstre, si on ne se cache pas, la sorcière nous trouvera !

Olga s'envola dans un éclat de rire. Elle fit plusieurs loopings dans un rayon de lune mais cette fois, Zérosept ne se plaignit pas. Il paraît même qu'elle s'amusa.

Rosa

Rosa le chat gourmand avait un peu trop aimé la potion rajeunissante de Mauricette Rondelette… Une lampée, puis deux, puis trois et le résultat était là : agrippée sur un grand balai, Rosa devenue sorcière n'avait que quinze mois ! La sauterelle Zérohuit, célèbre pour son mauvais caractère, bondissait de colère sur le manche.

– Je t'avais dit de n'en prendre qu'une fois ! hurlait-elle. Fais demi-tour, on rentre !

– Non, répondit Rosa.

– Alors tant pis pour toi ! Moi, je ne seconderai pas un bébé capricieux !

– Eh bien je me débrouillerai toute seule ! répondit Rosa. Dis-moi juste ce que je dois faire !

– Pose-toi tout de suite dans la clairière, ordonna la sauterelle.

Aussitôt, la petite sorcière amorça la descente et gara son balai devant une jolie chaumière.

– Tu dois rapporter à Mauricette trois larmes de révolte, dit Zérohuit. Ce n'est pas la peine de pleurnicher : les tiennes ne marcheront pas. Salut !

Rosa haussa les épaules :

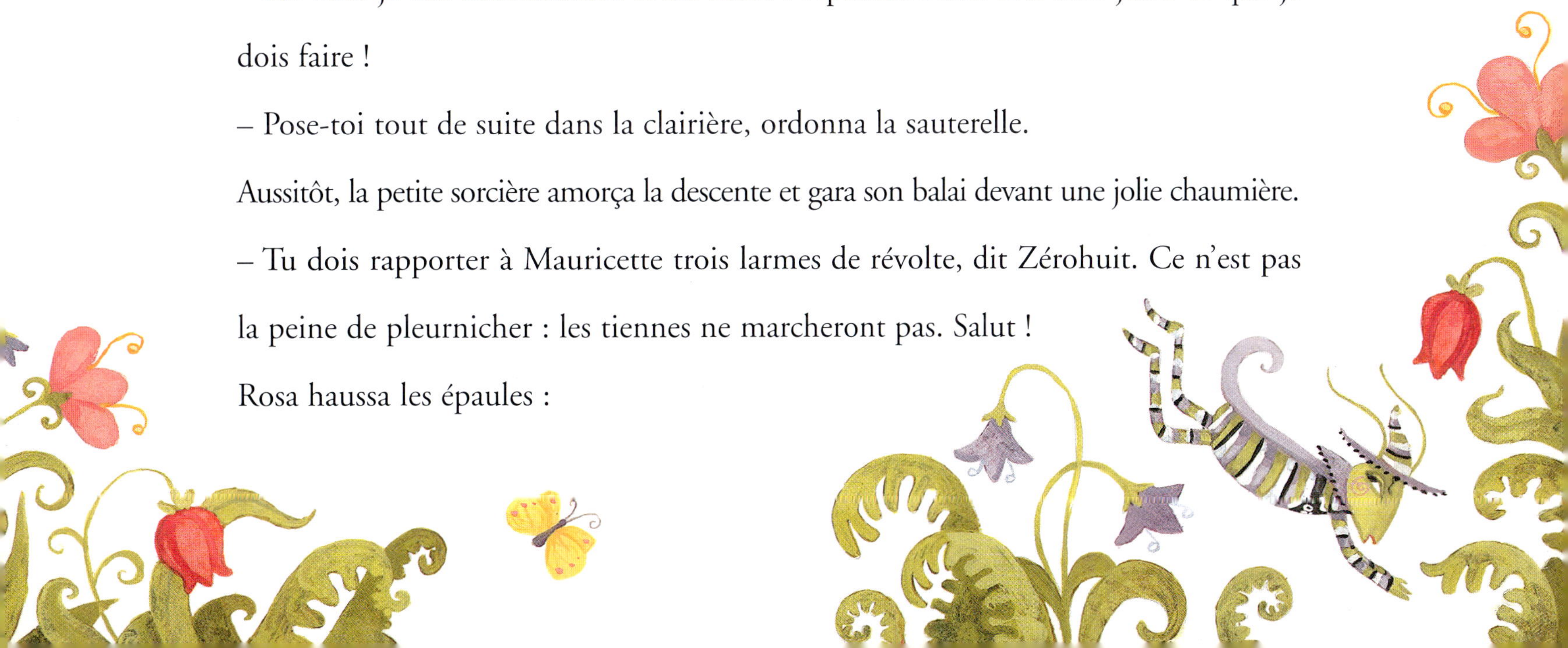

– Bon débarras, méchante peste !

Une fois seule, la petite sorcière appela Carlos. Elle essaya dix fois mais il ne vint pas. Découragée, elle se pelotonna sur l'escalier. C'est alors que la porte de la maisonnette s'ouvrit. Une jeune femme s'accroupit à côté de Rosa.

– Qui es-tu, petite fille ? demanda-t-elle doucement. Tu es perdue ? Moi, je m'appelle Mahaut. Je suis la femme de Paul le bûcheron.

Aussitôt, Rosa mit son pouce dans sa bouche.

– Ne t'inquiète pas, reprit Mahaut, tes parents vont te retrouver ! En attendant, viens chez moi !

Mahaut installa Rosa dans un coin de la chaumière. Calée et bien au chaud sur un édredon de plumes, la petite sorcière se calma. Mahaut allait et venait tout en lui parlant :

– C'est bien d'être sage pendant que je m'affaire. Je travaille depuis ce matin mais je suis très en retard. J'ai encore plusieurs gâteaux à finir, tu vois.

Mahaut épluchait des fruits, parlait et souriait :

– Ce soir, le roi Hubert donne un banquet en l'honneur du chevalier Godefroy. Un valet va venir chercher mes trente délices pomme-châtaigne.

Mahaut raconta sa vie à Rosa et soudain, pour la première fois, elle devint triste :

– J'ai un gentil mari et mon travail me plaît. Tout irait bien si seulement j'étais maman ! Hélas, Paul et moi n'avons pas d'enfants !

Rosa écoutait en suçant un biscuit. Dans les forêts enchantées, un bébé ne fait pas de conversations sans éveiller de soupçons. Alors, pour montrer qu'elle avait compris, Rosa fit les petits bruits que font les tout-petits.

Très vite, Mahaut retrouva sa gaieté. Elle coupa, plaisanta, accommoda et parla sans jamais s'arrêter. Enfin, quand les gâteaux furent prêts, un valet les emporta chez le cuisinier.

Mais quelques instants plus tard, l'homme tambourina à la porte.

– Je veux trente nouveaux gâteaux tout de suite ! dit-il. Mon chargement vient de tomber à la rivière !

La jeune femme écarquilla les yeux :

– Mais c'est impossible ! Rien n'est prêt. Il faut que je batte du beurre, que je moule de la farine, que la pâte lève ! Si je commence tout de suite, ils seront cuits demain à l'aube !

– Si tu refuses, reprit le valet, tu finiras dans un cachot. Je dirai au roi que tu n'as rien fait ! Je reviens dans une heure.

L'homme disparut aussi vite qu'il était venu. La pauvre Mahaut, d'un coup de pied, claqua la porte dans un bruit de tonnerre. Puis, au lieu de s'affairer derrière ses fourneaux, elle s'accouda à sa table pour pleurer de rage.

– Jamais je n'y arriverai !

Pendant qu'elle sanglotait, ses larmes glissèrent sur ses joues pour tomber une à une dans le bol qu'elle venait d'amener. Rosa n'avait aucun besoin de prononcer une formule magique ! Elle quitta sa place pour poser sa tête sur les genoux de Mahaut. Puis, d'une toute petite voix, elle murmura :

– Essaie quand même, Mahaut. Je t'aiderai et tu réussiras !

Mahaut releva brusquement la tête et regarda ce bébé qui lui souriait. Elle lui caressa les cheveux :

– Je deviens folle à présent, dit-elle entre deux larmes. Je jurerais que tu m'as parlé ! Bon, rien ne sert de pleurer, je vais me mettre au travail.

La pauvre pâtissière commença à battre la crème à la cuillère en bois. Elle fut surprise de trouver le beurre aussitôt formé. Dans sa réserve, elle découvrit un sac de farine et un panier débordant de pommes. Enfin, une douce chaleur fit lever la pâte en un clin d'œil. Cachée sous la table, Rosa bougeait ses sourcils en murmurant des mots magiques.

Quand les gâteaux furent enfournés, Mahaut réfléchit à ce qui lui arrivait. Elle était aussi heureuse que stupéfaite de sa chance.

À peine les hommes partis, Rosa chuchota :

– Je dois m'en aller, moi aussi. Donne-moi une petite bouteille, j'y enfermerai ta colère !

Une, deux, trois larmes de Mahaut passèrent du bol au flacon.

C'est alors que Paul le bûcheron rentra à la maison. Il vit la fillette sur les genoux de sa femme et, les yeux brillants, il demanda quelques explications :

– D'où vient cette enfant ? Est-elle abandonnée ? Est-ce qu'on peut la garder ?

– Rien de tout cela, dit la petite sorcière. Je m'en vais.

Rosa rangea le flacon dans sa poche. Elle versa sur la table les deux dernières larmes du bol. Puis, à petits pas, elle sortit.

Sur le pas de la porte, elle prévint :

– Dès que je toucherai mon balai, ces gouttes se transformeront en bébés. Des jumeaux dont il faudra vous occuper !

En s'envolant elle entendit des voix, des gazouillis d'enfants et les cris de joie de leurs parents, évidemment.

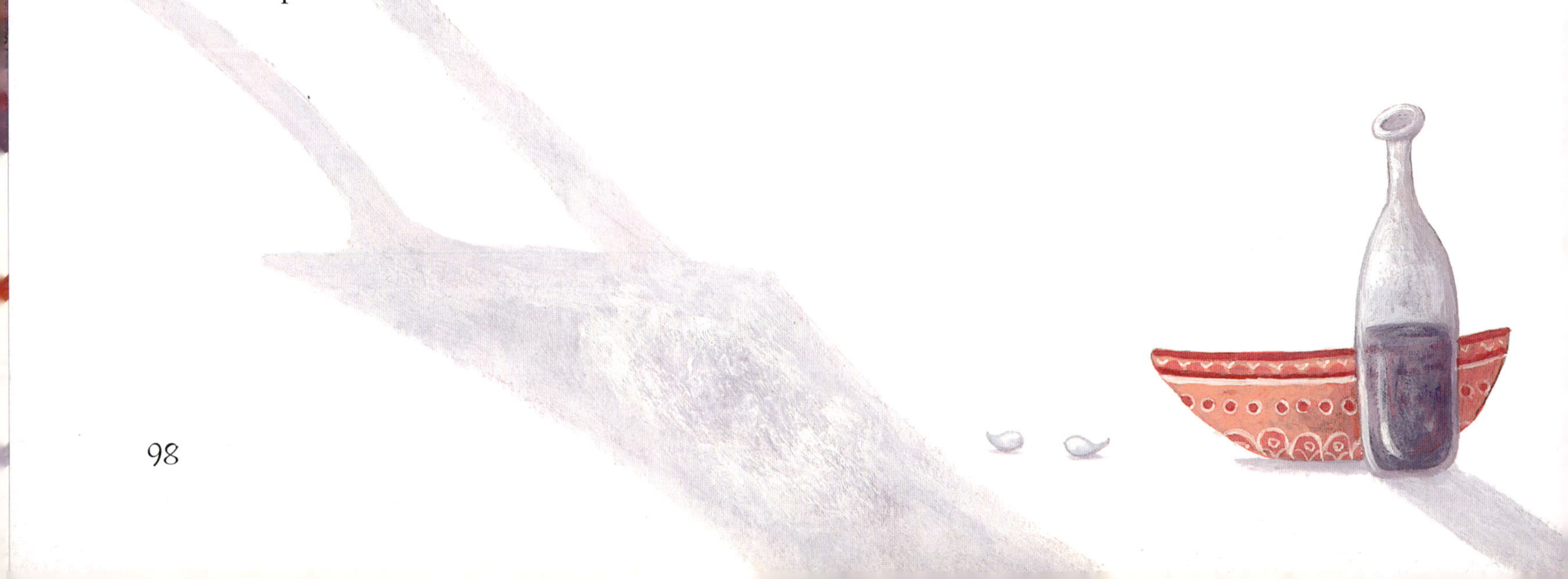

Thalia

Aussitôt devenue sorcière, Thalia demanda à Zéroneuf de lui indiquer sa mission. La sauterelle magique sautilla d'enthousiasme :

– Nous devons obtenir du roi des crapauds un éclat de diamant à remonter le temps !

– Vole, vole, balai magique ! chanta Thalia. Emporte-nous vers l'étang de tous les temps !

À peine arrivée, Thalia détacha un roseau et d'un mot, en fit un pipeau. Elle souffla un air magique dans son instrument de musique. Les notes emportées par le vent tourbillonnèrent avant de se poser sur un rocher. Alors, tout à coup, apparut un crapaud à la cape dorée.

– Thalia et Zéroneuf, me voilà ! coassa Batracien Ier en ajustant sa couronne de plumes. Le gardien des histoires de la forêt vous écoute.

– Donnez-nous un éclat de diamant pour Mauricette, murmura la sorcière. C'est très important !

L'énorme crapaud l'interrompit :

– Je le savais. Dans mon étang, je vois tout ! À présent, je dois réfléchir avant de te montrer le mystère du temps qui passe.

Il sauta de son trône de pierre pour se baigner. Aussitôt, la mare étincela. Des crapauds grands et petits surgirent pour faire sa toilette en chantant.

Enfin, le roi sortit du bain.

– Si tu me prouves ton habileté en sorcellerie, je te ferai confiance, décida-t-il. Mais aussitôt la mission terminée, vous oublierez mon secret, toi et ta sauterelle.

– Je suis d'accord, s'empressa de répondre Thalia.

– Ça va aussi pour moi ! frétilla Zéroneuf.

Batracien Ier remit sa cape, sa couronne, et monta sur le rocher. D'un air solennel, il déclara :

– La perle des temps attend dans l'étang. Va la chercher. Lorsque tu l'auras entre tes doigts, enfile-la sur le soleil. Ensuite, je serai là !

– Bien, Majesté, s'inclina la jeune sorcière.

Lorsqu'elle releva la tête, le roi des crapauds avait disparu. Découragée, Thalia se laissa tomber sur l'herbe verte.

– Je ne veux pas y aller, je déteste l'eau comme tous les chats ! À moins que…

Son regard s'illumina :

– Zéroneuf, accepte de plonger à ma place, et je te transforme en… tanche ! Tu seras très jolie en poisson fouilleur !

– Avec plaisir ! frétilla Zéroneuf. Depuis toute petite, je rêve d'être sauterelle-grenouille pour trouver des trésors enfouis !

Thalia mit son amie dans une main puis écarta ses doigts au-dessus d'elle. Elle prit sa respiration pour faire une incantation.

– Attends ! l'interrompit la sauterelle. Tu sais comment elle est, cette perle ? Oh, tant pis ! Prononce tes formules, je la trouverai bien !

– Pouvoir de l'eau, de la forêt et de l'air, reprit la sorcière, change l'air en eau et l'insecte en poisson !

Aussitôt transformée, Zéroneuf glissa entre les doigts de Thalia et plongea dans l'eau fraîche.

Une fois seule, Thalia releva la tête. Elle se demandait à présent comment apprivoiser le soleil. Elle avait beau chercher, aucune de ses idées ne lui plaisait. Mais brusquement, elle se souvint de sa vie de chat, lorsqu'elle cherchait à se réchauffer. Elle chercha et trouva sur la mousse du sous-bois des ronds lumineux dessinés par les feuilles.

– Abracadabra, cria-t-elle, mygales, arachnides, tarentules, venez à moi !

Aussitôt, une centaine d'araignées de toutes sortes apparurent. La sorcière leur désigna un long bâton de lumière dans lequel dansait la poussière.

– Je vous demande de filer ce rayon de soleil, dit-elle. Si vous réussissez, c'est Mauricette que vous sauvez !

Les insectes aux longues pattes se mirent très vite à l'ouvrage. Certains tiraient un cheveu de soleil pendant que d'autres le tordaient.

Bientôt, Thalia enroula dans sa main un fil éclatant, remercia les araignées et courut vers l'étang.

Zéroneuf nageait à la surface de l'eau. La perle merveilleuse qu'elle tenait dans sa bouche contenait les couleurs de la forêt. À peine redevenue sauterelle, elle dit :

– Je l'ai trouvée au fond, dans une coquille d'argent. Les algues se sont écartées pour me la dévoiler !

D'un souffle entre ses doigts fermés, la sorcière enfila la perle sur le fil. Alors le crapaud à la cape dorée apparut sur son rocher.

– Me voilà rassuré, dit-il en caressant sa couronne de plumes, seule une vraie sorcière pouvait faire ce que tu as fait. Viens, viens écouter le secret de l'étang de tous les temps.

Thalia et Zéroneuf s'approchèrent de Batracien Ier. Il baissa la voix :

– Jette la perle magique sur l'eau. Elle rebondira, et le fil de soleil qu'elle entraînera fera briller l'étang comme un immense diamant…

– Mais je ne veux qu'un tout petit diamant ! souffla Thalia.

Le roi s'impatienta. Il détestait être interrompu. Il reprit en expliquant que chaque facette de la pierre précieuse montrait une histoire de la forêt :

– Saisis celle qui raconte la mésaventure de Mauricette et sauve-toi ! Sois prudente, car ces milliers d'images peuvent t'ensorceler et t'engloutir à jamais !

Ayant dit cela, le crapaud s'effaça.

Thalia fit exactement ce que Batracien Ier lui avait recommandé. Alors, soudain, des milliers d'histoires s'animèrent sur la surface de l'eau.

La jeune sorcière s'arma de courage. En marchant sur l'étang, elle découvrit les secrets de la forêt, apprit toutes les histoires oubliées. Et soudain, apercevant la vieille Mauricette devant son chaudron, elle cria de joie :

– Zéroneuf, on a gagné, je l'ai trouvée !

Mais brusquement, la sorcière fut prise de vertige. La forêt tourna autour d'elle, la lumière scintilla avec violence. Thalia hurla, fit un dernier effort et saisit la facette de Mauricette brillante comme un diamant. Elle serra les doigts et soudain, elle ne vit plus rien.

Thalia reprit ses esprits. Elle volait au-dessus d'un étang aussi calme qu'avant. Zéroneuf lui tirait les cheveux.

– Ouf ! souffla la sauterelle. Tu m'as fait une de ces peurs, je t'ai recueillie sur le balai juste à temps ! Quelle idée de te promener sur l'étang !

Thalia ouvrit délicatement sa main. Elle découvrit une pierre dans laquelle bougeait Mauricette. Elle fronça les sourcils :

– Regarde, j'ai l'éclat du diamant à remonter le temps. Où l'ai-je trouvé ?

– Ça alors ! Je n'en ai pas la moindre idée, fit Zéroneuf étonnée. C'est étrange, comment avons-nous pu l'oublier ?

Vanina

En buvant une lampée de potion magique, Vanina décida d'être belle. Elle miaula :

– Pour avoir l'air d'une princesse, j'échange ma fourrure contre des dentelles !

Et hop ! En moins de temps qu'il n'en faut pour compter jusqu'à trois, une superbe robe rouge l'enveloppa. Puis un balai arriva. Alors, d'un claquement de doigts, la sorcière décolla. Elle sentit soudain un pincement dans son décolleté. Elle eut beau gigoter et se gratter, la douleur ne passait pas. Vanina se posa en urgence sur un chemin pour frotter énergiquement son corsage. Une sauterelle magique jaillit de la robe, dégringola le long du balai et se releva à moitié assommée.

– Sa… Salut, bégaya-t-elle, je… suis Doublezéro, l'aide qu'il vous faut. J'… étais coincée sous tes dentelles.

– Que faisais-tu là ? murmura Vanina.

– Je suis venue t'aider à accomplir ta mission : il faut ramener à Mauricette un bouquet de violettes offert par un prince.

La jolie sorcière devint pensive :

– Quelle route empruntent les voyageurs dans cette forêt ?

– Aucune idée, rigola bêtement la sauterelle. Pourquoi ?

Vanina fit quelques pas. Autrefois, elle avait vu un château. Elle se retourna brusquement.

– Où est la demeure du roi Hubert ? demanda-t-elle.

– Aucune idée ! s'esclaffa encore Doublezéro. Pourquoi ?

La belle sorcière s'impatienta :

– Doublezéro, « l'aide qu'il vous faut », chapeau ! J'appelle Carlos, lui saura m'aider !

La sorcière tendit ses bras mais le facteur ne se présenta pas.

– Bon, tant pis, on reste ici !

Le chemin, assez large, était bordé de buissons épais. À l'aide d'un bâton, Vanina traça une étoile sur la terre poussiéreuse.

– Ce dessin magique va attirer un chevalier aussi sûrement qu'un aimant, dit-elle. Viens te cacher. Avant d'accepter un bouquet, nous verrons si le garçon me plaît !

Camouflées derrière le fourré, la sorcière et la sauterelle entendirent bientôt des bruits de pas. C'est un chevalier sans cheval et sans courage qui arriva. Il parlait seul en traînant les pieds :

– Bouh ! Quelle horrible sorcière… Plus laide que le dragon… Quand je pense que je lui ai laissé mon beau cheval blanc… Ohhh, je suis malheureux… Je n'ai même plus d'épée… Jamais le roi Hubert ne croira que je suis le prince Godefroy !

Tout à coup, dix brigands jaillis du buisson d'en face se ruèrent sur le chevalier.

– Alors mon brave, on n'est pas armé ? ricana le premier. Pas la moindre petite épée ?

– La bourse ou la vie ! cria un petit.

Le pauvre Godefroy se laissa entourer sans parler, sans même sursauter. Étonnés, deux voleurs lui expliquèrent en même temps ce qui se passait :

– Nous sommes des méchants. Mais nous ne te ferons aucun mal si tu nous donnes ton argent ! Ho ! Est-ce que tu comprends ?

– *Do you speak English ?* demanda un blond à moustaches.

– *Parla italiano ?* essaya un autre.

Godefroy ouvrait toujours de grands yeux découragés.

– On va ficeler cet idiot comme un poulet, reprit le petit. Ça l'aidera à parler !

Vanina décida d'intervenir. Ce Godefroy était coquet, bel homme et distingué. De plus, un chevalier attaché ne peut pas offrir de bouquets.

Elle récita à mi-voix une formule secrète. Aussitôt, un rayon de lumière ensorcelé enveloppa le prince. Les arbres s'immobilisèrent pour regarder et les oiseaux, impressionnés, s'arrêtèrent de chanter. Sans comprendre ce qui se passait, Godefroy fut brusquement assez fort pour briser la corde qui le saucissonnait.

– Morbleu, grogna-t-il une fois libéré. À défaut d'épée, c'est à mes poings que vous allez goûter ! Approchez, sinistres compères, et je vous expédie loin de la Terre !

Le prince Godefroy hurlait comme un ogre. Deux par deux, il assomma tous les brigands avec la puissance d'un géant.

Impressionné, il admirait encore ses mains quand une petite voix s'éleva au-dessus des buissons.

– Quel courage extraordinaire !

– Qui va là ? demanda Godefroy.

Très jolie dans sa robe de soie, Vanina se leva et reprit :

– Sans vous, Monseigneur, je serais morte de peur ! Mon carrosse a été attaqué et ces brutes m'ont enlevée !

– Qui ai-je l'honneur d'avoir sauvé ? demanda le chevalier en mettant dans sa voix quelques petites fleurs.

– Princesse Vanina ! murmura la sorcière.

Elle tendit sa main. Ravi, Godefroy la saisit et déposa un baiser sur ses jolis doigts. Aussitôt, il sentit un frisson traverser son corps. Quand il releva la tête, il était envoûté, ses joues étaient rouges et son regard sucré :

– Princesse, vous avez des yeux… oh ! des yeux merveilleux. Une bouche… oh ! quelle bouche : une framboise des bois ! Et ce nez… oh ! ce petit nez de chat ! Zou, belle enfant, je vous enlève sur mon cheval blanc !

Il se retourna pour siffler son étalon et revint brusquement sur sa décision.

– Hum, souffla-t-il. Mon cheval s'est absenté un petit moment…

Il est allé se dégourdir les gambettes… Voyons, voyons… Asseyez-vous sur la mousse verdoyante du sous-bois ! Que diriez-vous d'un bouquet de lilas ?

Il partit en courant. D'un coup d'œil laser dans le dos, elle l'arrêta.

– Beau chevalier, ne partez pas si loin, j'adore les violettes !

Elle loucha sur les petites fleurs qui jonchaient le chemin. Le chevalier dessina un sourire raffiné :

– Voyons, elles sont trop modestes pour une demoiselle de votre condition ! Non, non et non !

Il se précipita dans une autre direction et revint en dansant avec une brassée de jacinthes. Il les lança en l'air pour inonder sa protégée de pétales parfumés.

– Épousez-moi, je serai heureux comme un roi ! dit-il en entonnant un air d'opéra.

Bien que conquise, Vanina fit la grimace.

– Je préfère les violettes, lâcha-t-elle.

Le chevalier étonné cessa de chanter et ramassa les fleurettes demandées. Pendant ce temps, Vanina transforma Doublezéro en cheval blanc.

– Votre monture est revenue, dit-elle en sentant ses violettes. Partez, je vous dirai bientôt si j'accepte de vous épouser !

– Mais… chère enfant, comment vous laisser seule ?

– Obéissez sans poser de questions ! Rendez-vous ici demain, même heure, même chêne.

Plus amoureux que jamais, Godefroy enfourcha Doublezéro et s'éloigna au galop vers le château. Juste à temps car un à un, les brigands assommés ouvraient des yeux hébétés. Alors, un bouquet dans la poche et des projets plein la tête, Vanina s'envola. Ce chevalier coquet, bel homme et distingué lui plaisait tout à fait.

Sur son balai, elle se décida soudain. Demain, c'est certain, elle lui accorderait sa main.

Zita

Depuis plusieurs heures déjà, Zita et la sauterelle Onze survolaient en vain la forêt enchantée. Onze parlait et bourdonnait sans jamais s'arrêter :

– Nous devons trouver la tourne-potion ensorcelée fabriquée par un arbre millénaire !

Elle déclara pour la centième fois :

– Bon, c'est sûr, Mauricette est redevenue bébé en glissant dans sa potion de jeunesse. Mais cela n'empêche pas qu'elle aurait pu nous indiquer le chemin de ce fichu chêne, tu ne trouves pas ?

Fatiguée par ce bavardage, Zita se posa et s'éloigna. Hélas, en quelques bonds, Onze la rejoignit.

– Tu ne trouves pas ? demanda-t-elle à nouveau.

Zita explosa de colère :

– Onze, tais-toi ou je te laisse ici ! J'ai besoin de calme !

– Dommage, bougonna la sauterelle en haussant ses ailes. Si je vois le chêne magique, je resterai bouche cousue ! Au fait, est-ce que je t'ai raconté le jour où…

Mais elle s'arrêta car Zita n'était plus là. La sorcière admirait un étrange châtaignier.

Des livres, des calendriers et des images étaient suspendus à ses branches, tandis que ses feuilles lisaient en silence.

– Vous êtes un arbre savant, n'est-ce pas ? demanda timidement Zita.

– Oui, répondit le feuillage. Est-ce que je peux t'aider ?

– Je cherche le chêne millénaire qui fabrique balais et cuillères !

Le châtaignier déploya des branches étonnées.

– Ton moyen de transport peut t'y emmener si tu le lui demandes, dit-il.

Zita s'aperçut alors qu'elle n'avait pas eu l'idée de parler à son balai. Elle remercia l'arbre savant et se retourna. Cependant, celui-ci la rappela. Il semblait inquiet :

– Mes branches se sont emmêlées. Pourrais-tu les dégager ?

Zita n'hésita pas. Elle escalada le tronc avec sa souplesse de chat et atteignit la cime du châtaignier. Là, elle découvrit deux rameaux noués entre eux par un lien d'argent. Assise à califourchon, Zita dégagea et enroula la cordelette. Enfin, l'arbre fut libéré.

– Garde cette pelote précieusement, murmura-t-il. Elle te sera utile plus vite que tu ne le crois.

Zita demanda à son balai de l'emmener au chêne enchanté.

– Ah, tout de même, gronda-t-il, on s'intéresse à moi ! Monte, petite, on y va !

Onze sauta sur le manche en parlant.

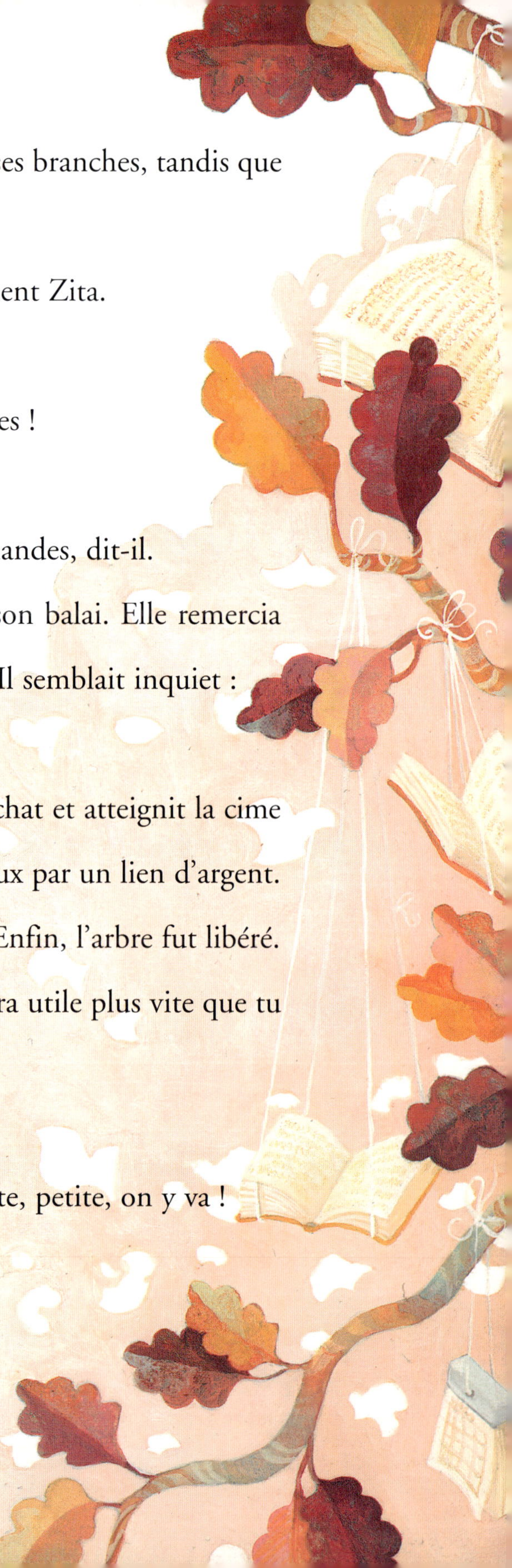

11
LUNDI

– Zita, se hérissa le balai, pour l'amour des sorcières, demande à Onze de se taire ou je l'expédie par terre !

L'équipage arriva en silence dans une jolie clairière.

Dans la lumière douce et claire, le balai valsa en dessinant un cercle parfait. Alors, lentement, un chêne transparent apparut. D'abord son tronc énorme s'installa, puis ses branches poussèrent et enfin, le feuillage se mit à chuchoter :

– Je suis prêt, je peux t'écouter.

Zita se racla la gorge et prononça la formule magique :

– Bois millénaire et terre de sorcière !

Le chêne devint réel. Dans l'écorce, une porte se dessina. Elle grinça et s'ouvrit en diffusant une lueur dorée. Sans hésiter, le balai y emmena Onze et Zita.

La pièce dans l'arbre était immense, éclairée par mille lampions. Partout, il régnait une folle agitation. Des branches intérieures, telles des mains de bois, façonnaient des objets en cadence. Des balayettes babillaient et des balais neufs chantaient le nom de celle à qui ils étaient destinés. Plus loin, dans des chaudrons, des tourne-potions tourbillonnaient au rythme des chansons.

Une voix douce comme du coton demanda :

– Que veux-tu, Zita ?

– Je viens chercher la cuillère à antidote, répondit la jeune sorcière.

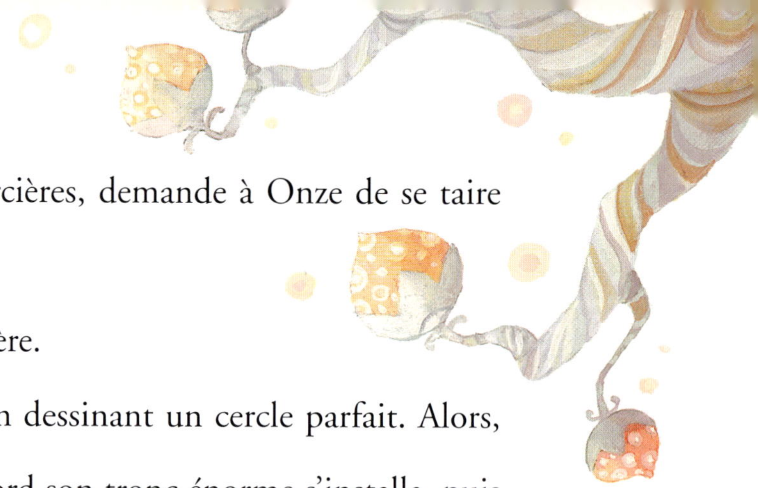

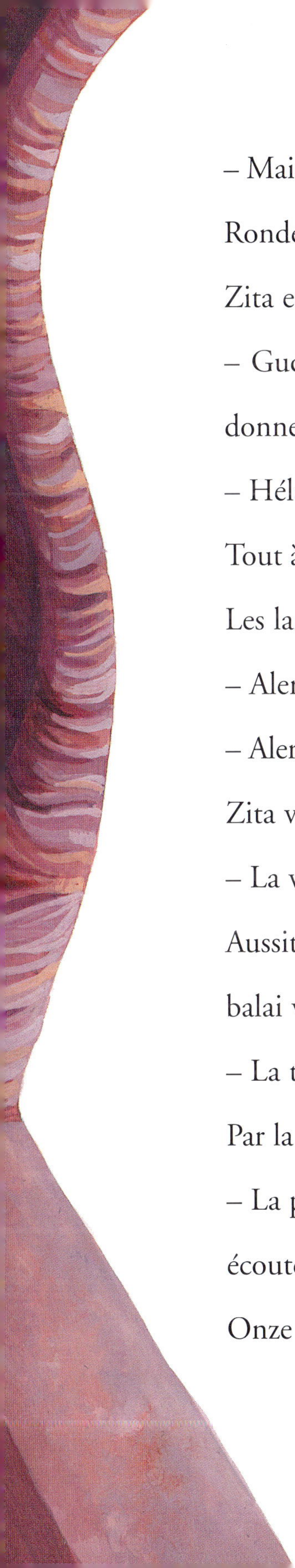

– Mais je ne l'ai plus ! s'écria le chêne. Gudula est venue la chercher pour Mauricette Rondelette !

Zita eut du mal à respirer.

– Gudula est l'ennemie jurée de Mauricette ! souffla-t-elle. Vite, pouvez-vous me donner une autre tourne-potion ?

– Hélas non, frémit l'arbre magique, il n'en a qu'une !

Tout à coup les branches s'arrêtèrent, les balais tombèrent et les cuillères s'affolèrent. Les lampions, ébahis, se mirent à clignoter.

– Alerte, dirent-ils, l'affreuse Gudula est encore là, on la voit !

– Alerte, on la touche, on la sent, soufflèrent les brindilles-doigts. Sors de là, Gudula !

Zita virevolta aussitôt dans la salle illuminée.

– La voilà dans la réserve de bois ! s'écria Onze.

Aussitôt démasquée, Gudula apparut. Avec la rapidité du vent, elle conduisit son balai vers la sortie. En passant elle ricana :

– La tourne-potion est à moi ! Jamais Mauricette ne l'aura !

Par la porte restée ouverte, Gudula s'échappa. On l'entendit encore dans la clairière :

– La prochaine fois, dis à ta sauterelle de se taire ! Dans la forêt, je n'ai eu qu'à vous écouter pour connaître vos secrets !

Onze rougit de honte. Zita, elle, ne resta pas longtemps désemparée.

– Abracadabra… venez avec moi… poursuivons Gudula ! cria-t-elle.

Une foule de balais, brosses et balayettes prirent leur envol pour la première fois. Certains suivaient parfaitement. D'autres culbutaient, se relevaient et repartaient gaiement.

Cependant, grâce à son expérience, Gudula avait pris de l'avance. Sûre de gagner, elle décida de s'amuser et se cacha dans un fourré. Bientôt, elle vit passer ses poursuivants et, à son tour, se lança à leurs trousses.

– Ohé, je suis là ! railla-t-elle. La cuillère est à moi ! Essayez de vous en emparer, juste pour rigoler !

Zita comprit à quoi devait servir sa cordelette d'argent. Elle la lança sur une branche et tourbillonna entre deux arbres. Juste avant le passage de Gudula, la jeune sorcière resserra le fil. Aussitôt les ramures, liées les unes aux autres, formèrent une sorte de filet. Gudula fonça dans le piège, tête baissée, en laissant échapper la tourne-potion. Alors les balais emportèrent la méchante peste loin de la forêt enchantée.

Mais Zita et Onze, elles, restèrent. Désespérées, elles cherchèrent en vain la cuillère magique. C'est alors qu'une chouette se posa devant elles :

– Le chêne millénaire m'envoie vous féliciter. La tourne-potion est en sécurité et se remet de ses émotions. Elle se rendra chez Mauricette dès demain, par ses propres moyens.

Sur le chemin du retour, Onze sautilla de fierté :

– Si Mauricette est débarrassée de Gudula, c’est grâce à moi ! Eh oui, si je n’avais pas bavardé, elle ne serait pas venue ici et toi, tu ne l’aurais pas piégée !

La Magicmégafiesta

La nuit tombait. Dans la chaumière, la vieille Mauricette Rondelette changée en bébé suçait son pouce en rêvant. Huit de ses chats, endormis, se pelotonnaient sur le tapis. Ils avaient rapporté les ingrédients de l'antidote qui sauverait leur maîtresse. Quant à la petite sorcière Abella, elle somnolait au fond d'un fauteuil.

Dans un jour, une heure et une minute, les invitées fêteraient la Magicmégafiesta dans la forêt enchantée.

Vanina entra sur la pointe des pieds. Elle posa son bouquet de violettes et lança des baisers. Aussitôt, de minuscules grenouilles envolées de sa bouche embrassèrent tout ce qu'elle aimait.

– J'épouse Godefroy, murmura-t-elle. Jamais plus je ne vivrai ici !

Elle sortit sans se retourner et, d'un pas léger, descendit les marches enchantées.

La nuit s'en alla, le soleil arriva. Au petit matin, quelqu'un cria :

– Hop hop hop ! La fête est pour ce soir ! Debout, appelez le facteur !

Partout, du tapis au fauteuil, on sursauta.

– Hier, il n'a pas répondu à nos appels ! miaulèrent les chats.

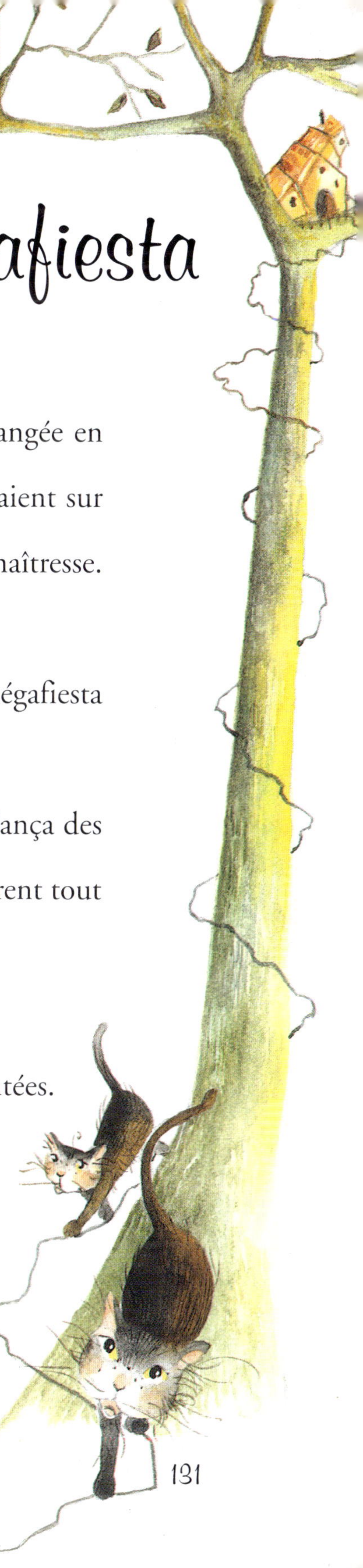

– C'est pourtant grâce aux chansons de Carlos que j'ai pu piéger le prince Childebert ! s'étonna Abella. J'ai posé une araignée sur le nez de cet odieux petit curieux ! Carlos s'est envolé juste après, je crois.

Abella tendit son bras par la fenêtre et claqua des doigts. Mais la radio ne vint pas. Mauricette brailla tant que des écureuils accoururent.

– Le facteur a disparu ! expliqua le chat Gina. La dernière fois que nous l'avons vu, il était transformé en radio.

– On se renseigne pour toi, Gina ! crièrent-ils en bondissant de branche en branche.

Une heure plus tard, deux oiseaux huppés aux plumes bien ordonnées se posèrent sur la fenêtre.

– Chers amis, sifflèrent-ils d'un air distingué, votre radio demeure au château, derrière des barreaux. L'odieux petit curieux l'a mis en cage à notre place !

Abella les remercia et s'envola sous les hourras de Mauricette et de ses chats.

À peine arrivée, la jeune sorcière entendit la voix éraillée d'une radio fatiguée. Le son s'échappait d'une fenêtre ouverte. Courageusement, Abella entra. Aussitôt, la musique s'arrêta :

– Psssst, belle enfant, je suis là !

Une cage en or se balançait près du lit où le prince dormait encore. Hélas, en manœuvrant son balai, Abella fit du bruit. Le prince Childebert bondit :

– Gardes, la sorcière emporte ma boîte magique sur son balai ! À l'aide !

Ils eurent tout le temps de s'échapper.

– Ce pauvre garçon raconte trop de sornettes, s'amusa Carlos. Plus personne ne le croit !

Dès son retour, la jeune sorcière posa la cage dorée sur la table de la chaumière.

– Mauricette, ma biquette rondelette, minauda Carlos, tu veux une chansonnette ?

La sorcière haussa les épaules :

– Ce n'est pas demain que tu sortiras de là, vieil idiot !

Elle se retourna vers Abella :

– Toi, prépare mon antidote, et que ça saute !

La jeune sorcière redressa le grand chaudron et alluma un feu pour la potion. Quand l'eau fut bouillante, Abella y jeta tour à tour l'araignée, les violettes, l'écaille de dragon, les larmes, le champignon, la mousse et le diamant à remonter le temps. Elle termina la recette en versant goutte à goutte le concentré de sortilèges.

C'est alors que la porte d'entrée s'ouvrit. La tourne-potion salua l'assemblée d'un saut périlleux et se jeta dans la préparation. Bientôt des bulles s'échappèrent du chaudron. La cuillère magique remua de plus en plus vite et fit jaillir un bol rempli d'antidote.

– Bois, Mauricette ! murmura le récipient en fumant.

Mauricette avala tout, gorgée après gorgée. Alors dix, trente chandelles bondirent des flammes. Quand elles furent soixante, elles entourèrent la sorcière de lumière.

– Mauricette Rondelette, soufflèrent les bougies, revoilà tes soixante années !

En un clin d'œil, elle redevint la vieille femme qu'elle était.

– Ce n'est pas trop tôt, grogna-t-elle en mettant son chapeau. Hop hop hop ! Les filles, au boulot ! Il faut préparer ma recette ultrasecrète pour devenir jeune et belle !

Les huit minous se mirent en rond. Mais cette fois, c'est Colomba qui prit la parole :

– D'accord, Mauricette, mais souviens-toi, tu nous as promis la liberté !

Mauricette rouspéta, grimaça, mais accepta.

Tout l'après-midi, le vent balaya les sentiers, les plantes diffusèrent un parfum de fête, les hiboux de la chorale exercèrent leur voix.

Enfin, une lune énorme et orangée illumina la clairière enchantée. Baptistine et sa sœur Gaudeline apparurent sur un balai tandem. Pâquerette se posa avec son aspirateur tandis que Georgette, Ginette et Muguette atterrissaient en para-toile d'araignée.

L'assemblée des cent sorcières fut bientôt au complet dans la clairière. Elles chassèrent les curieux, chats, hiboux et araignées, et la fête put commencer.

Ce qu'elles se dévoilèrent cette nuit-là, seul l'étang le sait, les inventions de sorcières sont des secrets. Toujours est-il qu'un hurlement retentit au petit matin :

– J'ai gagné ! Le trophée de la meilleure MagicmégafiestaSorciéra est pour moi !

Folle de joie, Mauricette fit trois fois le tour de la forêt, comme une fusée.

À peine calmée, elle s'arrêta chez elle et ouvrit la cage dorée.

– Pourquoi me libères-tu ? demanda Carlos. Laisse-moi deviner… Tu as goûté de l'extrait de bonté ?

– Oui, tout juste ! s'esclaffa Mauricette, mais je l'ai recraché ! Beurk ! Tabatha voulait remporter le trophée avec ça !

Mauricette alla pourtant s'asseoir :

– Je me sens bizarre, comme si je souriais en dedans…

– C'est du joli ! s'amusa la radio. Devenir gentille, à ton âge !

Mauricette prit une voix douce :

– J'ai réfléchi, Carlos, tu es mon seul ami. Plus de méchancetés entre nous, promis !

Elle se leva et tendit les mains :

– Abracadabra, Carlos, apparais-moi !

Aussitôt, un ogre au regard tendre se dressa. Il posa Mauricette sur son bras.

– Tu sais, dit-il d'une grosse voix, j'ai adoré être facteur dans la forêt ! Tout le monde m'attendait et personne ne me craignait !

– Je verrai ce que je peux faire ! sourit la sorcière. En attendant, s'il te plaît, emmène-moi dans la clairière, je voudrais te présenter !

Ce jour-là, grâce à la magie, des sorcières furent rajeunies, des chats décidèrent de leur vie et un ogre trouva des amis. Il découvrit au pied d'un chêne des rollers de sept lieues et une besace de facteur. Il paraît qu'il en fut enchanté. Enchanté comme la forêt.

Sommaire

Lito
41, rue de Verdun 94500 Champigny-sur-Marne
Imprimé en UE
Loi n° 49-956 du 16 juillet 1949 sur les publications destinées à la jeunesse
www.editionslito.com

Dépôt légal : septembre 2009